自由の思想史

市場とデモクラシーは擁護できるか

猪木武徳

新潮選書

まえがき

イソップ寓話に「犬とオオカミ」という話がある。痩せこけたオオカミが腹をすかせてうろついていると、飼い犬に出くわした。仕事をするから食べ物にありつける術はないかと尋ねると、飼い犬は自分の主人を紹介しようと申し出る。その主人に会いに行く道すがら、オオカミは犬の首がすり減っているのに気がついて、どうしてそうなったのかと尋ねると、「いや、ただの首輪の跡です。夜には主人は私をつなぎとめますから」と答える。それを聞いたオオカミは慌てて「そんなことなら仕事は要りません」と言って断わる話だ。イソップは、太った奴隷になるよりも飢えて自由な方がよい（Better starve free than be a fat slave）、とこの話を結んでいる。

分りやすい寓話だが、ことはそれほど単純に割りきれるのだろうか。人間には「何かに隷従したい」という気持ちはないだろうか。ときには拘束を受けても、十分食べたいという欲望があるのではないか。そもそも「自由で飢える」方がよいと考える倫理的根拠はどこにあるのか。精神的な欲求としての自由を、いかなる価値よりも優先させるべき理由、そして人間本性と両立しうる原理の根拠をどこに求めればよいのだろうか。首輪でつなぎとめられる不自由とは異なった苦痛が、自由の実現には伴うはずだ。人間は、自由と不自由のコストとベネフィットを考量するときがあるのではないか。

精神的な欲求としてだけではなく、「制度としての自由」には、さらに本質的な問いが潜んでいる。自由と法の関係である。自由は、法と制約があってはじめて意味を持つという関係だ。自由と法は、それぞれ独立して定義することができないような、「一方が他方を予想した」概念なのである。法があってはじめて自由は放縦や我儘と区別され、その価値や意味が明らかになるのではないか。まさに「自由は不自由の際に生ず」、自由と不自由は相即不離ということだ。

また、「歴史は人間の自由の意識の拡大過程である」と述べた哲学者がいる。近代社会への移行の歴史を、王から貴族、ブルジョワジー、そしてプロレタリアートへの特権の普遍化の過程と捉える思想である。多くの自由を享受できるようになった社会は、どのような自由を、どれほど、われわれにもたらしているのだろうか。

こうした問いをめぐって筆者はこれまで堂々めぐりを重ねてきたように思う。本書は、筆者の年来の関心に沿って、読んできたこと、経験したことを思い出しながら、自由という「鬼火」のような「逃げ水」のような不確かな言葉の中味を質してみようという気持ちから生まれた。したがって、先に示したような問いへの回答が明示されているというよりは、一学徒が人間精神の自由、政治経済体制としての自由の問題を、個人的な思い出をまじえて著した回想の記とも言える。己を語るという気持ちはないが、社会研究に取り組んできた経済学研究者がこれまで何を感じ、何を問題としたかについて記録してはどうかとのすすめもあって、「自由をめぐる八つの断章」と題して『考える人』に2年間（2014年冬号から2015年秋号）にわたって8回文章を書く機会を得た。本書はその原稿に若干手を入れて本の形にまとめたものである。

全8回の文章は、各回さらに8つの節から構成されている。はじめから数字の8にこだわったわけではないが、音楽における8小節がひとつのテーマを構成すること、中華料理における8皿がひとつのコースとなることなど、8が筆者の「好きなもの」の構成と関係する数字のようなので、連載時には「八つの断章」というタイトルを選んだ。各章の順序には一応配慮したが、独立した文章として読んでいただいてもよい。筆者の投げかけた問いに答える気持ちで、読んで下さった方が自分の回答を考えていただければこれに優る喜びはない。

なお、参照した著作、引用した文献のリストは作成せず、関心を持たれた読者が関連文献に遡れるように本文中に記した。参考にしていただければ幸いである。

※本書は、「考える人」（二〇一四年冬号〜二〇一五年秋号）に連載された「自由をめぐる八つの断章」に加筆修正をしたものです。

目次

第1章 守るべき自由とは何か 19

第2章　自由のために闘ったアテナイの人々　47

第3章　古代ローマ人の自由と自死　75

第4章　信仰と自由、宗教と政治　103

第5章 教える自由、学ぶ自由 131

第6章　言論の自由、表現の自由　159

第7章　賭ける自由と経済発展　185

第8章　恒産・余暇・自由　211

自由の思想史

市場とデモクラシーは擁護できるか

第1章　守るべき自由とは何か

自由社会には自由のほかに様々な価値が存在する。それぞれの価値は可能な限り最大限に尊重されなければならないはずだ。しかし、いくつかの価値はときに強く衝突し、そのままでは同時に両立しえないケースがある。自由はもっとも大切な価値のひとつだが、なぜ、そしてどのように守られるべきなのか――。

チャップリンの映画『モダン・タイムス』（1936年）より。

1　価値のトリレンマ

寓意をふくんだ実話から始めたい。

人気の高いある大規模書店の経営者にとって最大の悩みは「万引き」であるという。確かにその被害総額は推測をはるかに上回るレベルだ。経営者としては当然、「万引き」という犯罪の撲滅に取り組まねばならない。その対策として、いくつかの選択肢があるものの、いずれも単一では納得できる防止策とはなりえないこともわかってきたそうだ。

まず直截な方法として、書店内に警備員を張り付け、すべての客の一挙手一投足を監視するという対策がある。ただこれでは客は常に警備員に見張られることになり、自由なブック・ハンティングができなくなる。つまり市民としての自由が侵されるのだ。さらに、大きな書店に来る多数の客を見張るためには、これまた多数の警備員を雇い入れねばならず、人件費は膨らみ、万引きの被害総額を上回るようなことになりかねない。したがって、「多少の被害は致し方ない」とあきらめて妥協策を採らざるを得なくなる。万引きゼロの社会は実現できないと考えて目をつむるという妥協である。

妥協策として、監視カメラを設置するという方法が考えられる。監視カメラには死角があるから、万引きを完全にゼロにすることはできないが、監視カメラの費用は警備員の人件費より少なくて済む。こうして、犯罪ゼロ（安全という価値）、低費用（経済的価値）、精神的自由という三つの「価値」目標を「ほどほどに」満たしてくれる対策が選ばれる。これら三つを同時にすべて、かつ完全に満たしてくれる方法はないのだ。

このエピソードは、自由社会でのいくつかの価値が互いに衝突し、両立困難なことを示すわかりやすい例だ。書店内で誰からも「監視されずに」本を見て回れるのは、われわれの持つ精神的欲求としての自由の具体例だ。また、万引きは「ちっぽけな犯罪」ととられがちだが、刑法235条の窃盗罪にあたり、さらに重大な犯罪にもつながる危険性を持つ。重い犯罪には見えなくても、その撲滅は安全な社会の必要条件であろう。さらには有限な資源の浪費を避け、可能な限り経済的に負荷のかからない方法で自由と安全を実現したいと考える。ただ経済・安全・自由に優先順位かウェイトを付けない限りこの問題は解決しない。このような難問は国家レベルの政策にも現れる。現代社会では、われわれがいかなる価値をどの程度守ろうとしているのかが常に問われているのである。

この大規模書店の店主の悩みは、自由をめぐるひとつのディレンマ（あるいはトリレンマ）を具体的に教えてくれると同時に、自由はわれわれにとって大切な価値であるが、いくつかの価値のひとつにすぎないという事実も語っている。

ときに自由と鋭い対立関係に入る「平等」もひとつの価値である。「平等」を徹底するうちに自由が侵食される社会でも、民主主義を高らかに標榜することがある。社会主義国の多くが

「民主主義」を国名の中に織り込んでいることにもそのことは現れている。他方、自由民主主義（リベラル・デモクラシー）の政治体制は、自由を優先しつつ、自由がもたらす歪みを「平等」という価値の視点から補正するという政策を展開する。いわゆる先進諸国の多くはこのリベラル・デモクラシーの下にある国々であり、その社会は自由社会（free society）と呼ばれる。その自由社会のなかでも、さらに様々な価値意識を持つ人々が生活している。そこでは異なる価値序列をもつ人々が時に激しく対立する。しかし物理的な力でそれらの価値の衝突を解決するのではなく、それぞれの価値を尊重し合い、「共存する意思」を示しつつ知恵を出す最大限の努力をすることによって、どうにかこうにか秩序を保つのがリベラル・デモクラシーという体制なのである。そこでは「なんとか切り抜ける」(mudding through)ための時間と忍耐が求められる。

政治体制、あるいは社会の道徳や慣習は、何が最高の価値たりうるかを問いつつ、複数の価値の衝突をできる限り調和的に解決するために案出された制度とみなすことができる。万全、万能の解はない。妥協と「なんとか切り抜ける」という精神が求められているのだ。もちろん切り抜ける時の指針となるような「理念」は必要なのだが。

2―フランコ政権下のマドリッド

監視社会という点で思い出すのは、大学院生時代のスペイン旅行だ。１９７０年夏、スイス・チューリッヒの航空会社の研究所で3か月ほど実習生（Praktikant）として働いたことがあった。その間、休暇日を利用して、以前から訪れてみたいと思っていたヨーロッパの2、3の国への小旅行を試みた。特に政治に強い関心をもっていたわけではなかったが、スペイン内戦を舞台にしたヘミングウェイ原作『誰がために鐘は鳴る』や、同じ内戦をベースにした『日曜日には鼠を殺せ』などの映画をアメリカの大学町で観た後だったので、なんとなく「旅への誘い」を感じたのであった。

実際に当時のマドリッドを訪れて、成熟期を過ぎたスペインの「乾燥したような」文化の豊かさと、専制政治に支配された重苦しさを実感することになる。まずプラド美術館のエル・グレコ、ベラスケス、ゴヤの名画が、数多く無造作に展示されていたのには驚いた。壁に立てかけられているような絵もあったからだ。他にも数多くの名画があったものの、あまりの多さに眼に痛みを覚え、全てを観るのは無理だと諦めたことを憶えている。「猫に小判」ということか。画を観ることが好きではあったが、特にこの画が観たいというはっきりした目的があったわけではなかった。ずっと後になって、エウヘーニオ・ドールス『プラド美術館の三時間』（神吉敬三訳、ちくま学芸文庫）を読んで、マンテーニャの「聖母の死」がプラドにあることを知った。当時はマンテーニャの素晴らしさはもちろん、その名前すら知らなかったのである。

学生の貧乏旅行であったから訪れた場所は限られていた。カスティーリャのアランフェスの王宮、エル・エスコリアルの修道院など、その偉容に強く心を打たれた。その折に観たものの細部の記憶は今ではほとんど失われている。その他にどこを訪れたのかについての記憶も曖昧だ。旅行中の見聞と会計をメモしていた手帳を、闘牛を観に行った折に紛失したこともあって、このマドリッド滞在の年月日は、プラド美術館で買ったガイドブック（Bernardino de Pantorba, *A Guide-Book to the Prado Museum*）に書き込んだ1970年8月23日ということ以上はわからない。ただラテン・ヨーロッパの骨太な精神文化の醸し出す空気に文字通り「度肝を抜かれた」ことだけははっきりと憶えている。緑の農地の多いフランスから入ると、スペインは乾燥した砂と岩の国という印象があった。そのスペインに、歴史で習った通りの、イスラム、ハプスブルク、ブルボンなど、ヨーロッパの多様な政治と文化がモザイクのように詰め込まれていることを改めて知ったのだ。

当時のスペインは、まだアンチ・デモクラシーのフランコ将軍による独裁体制の下にあった。1936年2月の総選挙で成立した人民戦線政府に対して、フランコはモロッコ軍を率いて反乱を起こす。そしてマドリッド、バルセロナ、カタルーニャの市民の決起に対してナチス・ドイツとイタリアの援助を恃んで共和国軍（武装市民と国際義勇軍）の抵抗を封殺、以後スペインは内戦状態に入る。そして1939年4月1日、フランコ将軍はスペイン全土を制圧し勝利宣言をするのだ。この内戦で、推定50万人が死亡、ほぼ同数のスペイン人が国外への亡命を図ったと言われる。

筆者が初めてスペインを旅行した1970年時点では、フランコは王政復古の意向を明らかにしつつ公の場にもはや姿を見せることはなかった（その後長い闘病生活ののち1975年11月に死去している）。しかし当時のマドリッドには、力による秩序維持が自由の犠牲の上に成り立っていることを実感させるような雰囲気が十分にあった。冒頭に挙げた「書店の万引き対策」が国家的な規模で行われるような「監視」される社会のそれだ。

スペイン広場から遠くないペンションでの夜の出入りは、滞在者の自由に委ねられることはなく、またペンション管理者のコントロールの下にもなかった。夜9時（と記憶するが）を過ぎてペンションに戻る場合は、そのペンション付近の街路で大きく手を叩くよう主人から言われた。実際、夜の食事を済ませて宿の近くにたどり着き強く手を叩くと、近くを巡回している警察官が大きなカギの束をぶら下げて現れた。そしてその束の中から逗留しているペンションのカギを取り出し、おもむろに扉を開けるのだ。安全と秩序の確保のために、人々（旅行者も含めて）が市民生活における自由の一部を譲り渡す。譲り渡した相手が警察であるから、これを「警察国家」と呼んでもおかしくない。安全と秩序という価値と、自由という価値が両立せず、自由の犠牲のもとに、自由よりもはるかに価値序列の高い「社会秩序」を確保するという政治体制である。

当時、わたしにはG・オーウェル『カタロニア讃歌』に記されたスペイン内戦のイメージがまだ脳裏に焼き付いていた。そのスペインにわずか3、4日滞在しただけであったが、オーウェルが内戦の義勇軍に志願し、ソビエトの援助を得ている人民政府（共和国政府）内部の権力闘争と、フランコ将軍率いるファシスト軍によるスペイン統治の現実が、さして違いがないことを実感するくだりを改めて思い出したものだ。「どっちの側も同じように悪い。おれは中立だ」と言いたくなるものの、しかし人が中立ではありえないことも知っている（『スペイン戦争回顧』）。国民のための国民による権力機構が、その国民を弾圧するという「全体の全体に対する圧政」という逆理を見抜いているのだ。一人の独裁者による専制は古代から存在した。しかし「全体」という独裁者が「全体」を抑圧するのが20世紀の全体主義だ。オーウェルにとっての自由は「意識の領域を拡大すること」であったから、それを狭めようとする全体主義の精神は、いかなる形を採ろうとも敵となるのだ。

そのオーウェルは、スペイン内戦に対して決して「中立的立場」を装うことはなかった。彼は『なぜ書くか』の中で、次のように語っている。

「スペイン戦争をはじめ、一九三六年から七年にかけてのいろいろな事件によって局面が決定的になると、以後わたしの立場は揺らがなかった。一九三六年以降のまともな作品は、どの一行をとっても直接間接に全体主義を攻撃し、わたしが民主的社会主義と考えるものを擁護するために書いている。（中略）そして自分の政治的な立場についての自覚が深まれ

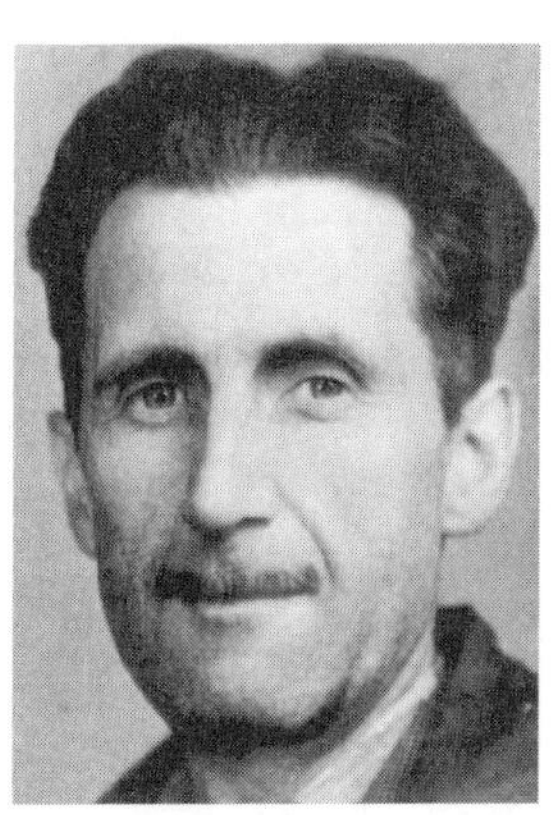

ジョージ・オーウェル
(1903年-1950年)

ば、それだけ、政治的に動いても美や知性にかかわる誠実さを犠牲にしないですむようになるのである」（小野寺健訳、岩波文庫）

当時の筆者は今よりさらに観念的であったのだろうか。他国における自由の侵害に対して、その友邦の外国人が、国際義勇軍に身を投じるということに大した違和感を持たなかった。むしろナイーブな敬意を抱いたものだ。ドグマとしての「自由」を守るのを当然のこととして観念的に受け入れていたのである。他面、オーウェルが「スペイン戦争回顧」で、当時の欧米社会でファシズムを支持した文化人や政治家、宗教家もかなりいた点に触れていることも後で知った。その中には、エズラ・パウンド、コクトー、シュペングラー、アメリカの新聞王ハーストなどの名が見える。当時の欧米世界では、「自由」についてさまざまな情熱を込めて語られていたのだ。しかし、人間の精神的欲求としての自由の意味を、「人間の意識の領域の拡大」という視点から擁護したオーウェルの言葉は新鮮だった。

今はどうだろうか。仮に、近隣の国で自由の抑圧と人権の蹂躙があり、そのためにその国民が命を賭して戦っていることを知っても、国際的に義勇軍を組織してその戦いに加わるであろうか。自由の価値とその重みは、時代状況によって大きく変化する。１９３０年代の世界を真二つに分裂させた自由の大義は、今やその魅力と力強さを失ってしまったのだろうか。現代では、自由以外の価値、たとえば平等が70～80年前よりもさらに重みを増している。自由と平等の相克に気付かないほどに、われわれは平等の実現に熱心になったのだ。

3―自由を我等に？

確かに、１９３０年代のヨーロッパ社会では、「自由」が特別に重い価値を持っていた。自由への脅威と取られがちな変化は政治の世界だけに起こったわけではなかった。工業化がますます高度の科学技術によって加速するようになった産業の現場でも、30年代は自由の喪失に対して悲観的なムードがたちこめた時期であった。産業技術の発展が労働の姿を変えはじめたのである。技術は労働を資本で代替することによって、人間を苛酷な労働から解放してくれる。しかし同時に、技術は労働を部分部分に分解して全体性を奪い去り、人間を生産プロセスに縛り付け、生産体系の中に埋没させる性質も持つ。

ちなみにこうした現象は産業活動だけではなく、研究・教育の場でも認められる。専門化が進み過ぎたことによって、同僚でも互いに意思疎通ができなくなるような状況を呈してきたのだ。同時に、問題を見つけて定式化し、その解を探るという作業そのものが、実験設備やコンピューターの機能に縛られるようになってきた。研究者は機械技術に縛られ、発想の自由を制限され、手段によって目的（研究テーマ）を選ぶという倒錯が生じているのだ。

有名なチャールズ・チャップリンの『モダン・タイムス』（１９３６年）では冒頭、「産業と個人企業と、幸福を追い求めて戦う人間性の物語」という字幕が出る。この字幕のために、

『モダン・タイムス』は社会主義者の映画だとして、当時ドイツやイタリアでは上映禁止になった。第2次5か年計画が進行中のソ連でも、流れ作業のシーンをはじめとする効率重視の生産現場の描写が悪評を呼んだという（筈見有弘の解説に依る）。

それより5年前に作られた『自由を我等に』（1931年、ルネ・クレール監督）という映画は、機械化された産業の技術支配に抵抗する人間をテーマとした点で『モダン・タイムス』の先駆をなす作品だ。この映画は刑務所内の作業場のシーンから始まる。囚人たちは、「自由、それを持っているやつは運がいい。ところが世間には運の悪いやつがいて、彼らは刑務所の中にいる」と合唱しながらベルトコンヴェアでの木馬の製造に従事している。確かに時代性のあるテーマだが、そこで希求される自由とは、毎日が休日で、会社内の地位・身分もなく、気楽に暮らせれば楽しいだろうという心情だ。

こうした『自由を我等に』の自由観に、はっきりと異議を申し立てたのは坂口安吾『日本文化私観』（1942年）である。安吾には、「人は孤独で、誰に気がねのいらない生活の中でも、決して自由ではない」という認識があった。

安吾は「帰る」ということが不思議な魔物だと言う。独り暮らしであっても家に帰る時は、叱る母がいなくても、怒る女房がいなくても、いつも変な悲しさと後ろめたさから逃げることができないと感じる。「帰るということの中には、必ず、ふりかえる魔物がいる」。

この認識から文学は生まれるのだ、というのが強い信念であった。

そのような安吾から見れば、『自由を我等に』で示された自由観は安易に過ぎた。この活動写真は馬鹿馬鹿しいと彼は断ずる。毎日遊ぶことしかなければ、遊びに特殊性がなくなって、楽しくも何ともないではないか。苦があってこそ楽がある。それが楽の楽たるゆえんだ。「人は必ず死ぬ。死あるがために、喜怒哀楽もあるのだろうが、いつまでたっても死なないと極ったら、退屈千万な話である。生きていることに、特別の意義がないからである」と言うのだ。

そして安吾の自由論は文学擁護の次の言葉で締めくくられる。「文学というものは、叱る母がなく、怒る女房がいなくとも、帰ってくると叱られる。そういう所から出発しているからである。だから、文学を信用することが出来なくなったら、人間を信用することが出来ないという考えでもある」と。

仏映画『自由を我等に』（1931年）

たしかに自由と不自由は不思議な関係にある。あれかこれかの対立的な関係にはない。自由は不自由をも意識し、不自由は自由への憧れを喚起させる。「自由は不自由の際に生ず」「自由の最後の第一歩は、自由でないことを知ることである」といった賢者の言葉がそれを端的に表現しているのだ。

現実の世界は、一瞬一瞬に各自があれこれ選択できることからなりたっている。しかし、できること

（可能性）が全く制約されていないとすると、具体的な選択の可能性はなきに等しくなり、「完全な非決定」ということになる。この例が「ビュリダンのロバ」の話であろう。空腹なロバが、左右二方向に、完全に同じ距離の所に、同じ質と量の干し草が置かれていた場合、ロバはどちらの道にも進まずに餓死してしまう。このロバは、等距離・等質・等量の干し草のいずれかを選ぶべき「理由」がないからだ。この譬えは、14世紀のフランスの科学哲学者ビュリダンの「自由な選択」の説明に関して、無行動（in-action）の中にも意思の自由は存在しうるという考えの不条理を指摘するために、ビュリダンの批判者側が作った話だとも言われている。

「ビュリダンのロバ」の風刺画。パナマとニカラグアのどちらに運河を通すかで米議会が紛糾した際に描かれた。

すべてが完全に平等な可能性を持っているのであれば、何に対しても決定できないというのは確かだ。決断・選択できるためには、制約と自由が同時に存在せねばならず（オルテガ）、相対的な決定、与えられた「運命」のなかでの選択、というのがわれわれの自由な選択に与えられた問題の枠組みなのだ。言い換えれば、自由と制約（法）とは互いに相手を予想し合った概念なのである。そして完全な平等性の失われた状況において、制約あるいは規則のなかで自由に生まれる行為が、「自発性」「創造」「多様性」を生み出す。音楽における対位法という形式（制約）が、内容そのものとほとんど一体の関係にあるというのも、この制約と自由の相互依存の枠組みの中で生まれるのだ。

4―自由は200以上の意味を持つ

このように自由という概念は、その対立概念である不自由との相互依存性だけでなく、他のもろもろの価値とのバランスと順序付けのなかで考慮されねばならないことがわかる。言い換えると、自由を独立の概念として論じることには限界があるだけでなく、そこには価値の多元性と切り離せない問題が含まれているのだ。単一の明断な概念と思われている学術用語も、多くの論者が使用するとその意味が曖昧になることは避けられない。この点を反省し、自由の問題に改めて取り組んだのは20世紀最高の思想家の一人、アイザイア・バーリン（1909-1997）であった。

ロシア帝国領であったラトヴィアのリガで生まれ、ペトログラードを経てイギリスに移り住んだバーリンは、1958年、オックスフォード大学の社会・政治理論のチチリ教授就任講演で、「二つの自由概念」について論じている。ちなみにチチリ教授ポスト（Chichele Professorship）は、All Souls College の創設者であるカンタベリーの大主教、Henry Chichele

の名を冠したオックスフォード大学の公式教授ポストで、五つの分野（経済史、戦史、国際公法、社会・政治理論、現代史）に及ぶ。この栄誉ある教授ポスト就任を記念するバーリンの講演「二つの自由概念」は、その後の思想史にひとつの飛躍を与える視点を供するほどに重要な意味を持つものであった。そのなかで、「２００以上に及ぶ」と言われる多種多様で錯綜した自由の定義の中から、二つの自由を区別することが重要だとバーリンは指摘し、人間にとって、いくつも存在する価値は多元的であり、複合性（plurality）と不両立性（incompatibility）があることを明らかにしたのである。この二つの自由は、フランス革命期の思想家バンジャマン・コンスタンの「古代人の自由」（liberté des Anciens）と「近代人の自由」（liberté des Modernes）と重なる区別であろう。

政治体制的に見ると、バーリンの区別する自由という概念の第一の意味、すなわち「消極的自由」は、次のような問いに対する答えの中に含まれる。「主体が、いかなる他人からの故意の干渉も受けずに自分の欲することをなし、自分のありたいものであることを放任されている、あるいは放任されているべき範囲はどのようなものであるか」。他人によって干渉されない範囲が広がるにつれて、その人の自由も拡大される、そういう自由だ。言い換えれば、私生活の範囲と公権力の範囲のどこに境界線を引くのかという問いとして立ち現われる。人間の自由な行動の範囲は法律によって制限されねばならないが、どうしても侵されてはならない最小限の個人的自由の範囲が存在するはずだ。さもないと、自由を放棄することは、善や正義を追求するという人間本性の一部ないし全部を否定することにつながる。先に挙げたスペインのフランコ政権下における警察権力の一般市民生活への浸潤は、この「消極的自由」が制約されることを意味する。「干渉からの自由」、「権力の強制からの自由」であり、「〜からの自由」である「消極的自由」は、英国近代史における自由への戦いのなかで育まれた。少なくとも古代世界では、個人の自由という意識は近代よりはるかに希薄であったのではないか。

第二の意味は、「積極的自由」と呼ばれる。それは「ある人が、あれよりもこれをすること、あれよりもこれであることを決定できる統制または干渉の根拠は何であるか、また誰であるのか」という問いへの答えの中に含まれている。それは、独立自尊としての自由、自己決定の自由であって、「〜からの自由」ではなく、「何をすることが出来るか」を問うている。敢えて対照的にレッテルを貼れば、ルソー以来のフランスにおける社会思想の伝統の中で育まれた自由と見ることができよう。

アイザイア・バーリン
（1909年-1997年）

リベラリズムの思想を探求する社会科学の分野では、バーリンの意味での第一の自由、すなわち「消極的自由」、より具体的には「国家権力による干渉からの自由」をめぐる問題を中心に論じられて来た。しかしこれら「二つの自由」は時に激しく衝突する。

両者の区別を表面的にとらえると、バーリンが意識していた自由の本質的な意味、言い換えると人間にとっての自由の根源的な価値は何か、その価値の源泉はどこにあるのか、単に人間の作り出したものなのか、自然がその発見を待っているものなのか、その価値をなぜ守らなければならないのかといった問題を見失いかねない。

5―制度としての自由

たしかにわれわれは、行動が他人によって干渉されない程度に応じて自分は自由であるか否かを判断する。たとえば経済活動を例にとると、できる限り政府の干渉と強制があってはならないと考え、規制は緩和されなければならないという一般論が、正論とみなされるようになった。ひとつには、国家が市場に介入して市場取引の自発性や多様性が作為的にゆがめられれば、経済社会全体が資源の大きなロスを被る、と功利主義的に考えるからだ。市場システムに関するこの「大命題」は、すでに18世紀のヨーロッパ知識人の間では認識されていた。

さらに20世紀に入ると、この命題に対してF・ハイエク等によって明晰な理論的説明が与えられる。とくに、自由で公正（free and fair）な市場で決定された「価格」は、政府の市場への干渉や強制が入ると、経済活動に関わる事情・事象の変化の情報を記録する力を失い、消費者や企業の合理的な判断の信頼しうる指針の役割を果たせなくなる。

市場価格は、市場で取引する人々がひとつひとつ具体的には知る必要のない事件・事象を捨象して、自分たちの選択にとって「必要にして最小限」の圧縮された情報を収集・散布する役割を果たす。どこで異常気象のために農作物被害が生じたのか、どの企業が大幅な費用削減につながる技術革新に成功したのか、何が消費者の間での不易と流行なのかなどについて、ひとつひとつの個別・具体的な事象を知らなくても、自由市場ではそうした変化はすべて需要と供給を通して市場価格に集約して反映されるからだ。

自由市場で成立する価格が、合理的な経済行動にとって必要不可欠な情報を提供しつつ調和と秩序をもたらすという不思議は、古代ギリシアのポリス（都市国家）での市場取引を観察する哲学者（エピクテトス）も気づいていた。しかし功利主義的な視点から、「自由」が社会的な厚生を高めるという考えが、科学的認識として確立するのは18世紀のヨーロッパにおいてであった。

もちろんこのことは、「市場価格はつねに公正である」ことを必ずしも保証するものではない。取引が真に「自由で公正」であれば、市場で成立する価格は公正であると言いうるが、市場での取引がつねに「自由で公正」な環境で行われるとは限らない。現実の取引のすべてが対等の立場で「自発的に」なされるわけではないことを示す例は少なくない。生の魚を売る商人の交渉力が時間とともに弱まるように、立場の違い（例えば賃金交渉）によって、あるいは外的条件の変化によって交渉力に差が生まれるのが現実なのだ。この点は19世紀後半から自由主義経済をめぐる公正の問題として激しく議論されたテーマであった。自由経済における「公正さ」に最も強い疑義を呈したのが、一群の社会主義思想家であったことは言うまでもない。彼らは自由と社会的正義という二つの価値が多くの場合両立しないと主張したのである。

6 真理への扉を開いておく

国家による干渉と強制が望ましくないと考えられる、もう一つの理由がある。それは、国家という単一理性が与える知識によって人々が考え行動するのではなく、多くの人々が関わる「思想やアイディアの市場」を通したほうが、予測しがたい未来に対して「真理」により近づきやすいという点にある。この考えは古代ギリシア人が発見した、真理への、迂遠ではあるがもっとも確実な接近方法であった。古代ギリシア人はアゴラ（広場）での論争と商取引を類比的にとらえ、市場を「発見のための装置」と考えた。

ポリスが、真理だけではなく、美や善に関しても、発見と洗練のための「装置」として働いたと哲学者田島正樹は指摘する（『古代ギリシアの精神』講談社選書メチエ）。ポリスの社交生活は、洗練されたもの、良きものを選別する力を持っていた。例えば、ファッションは厳しい審美眼によって選別され、淘汰される。見苦しい行動は誰にも真似されなくなる。そして悪徳も少なくとも表面には現れない。隠れて生きることを望まない古代ギリシア人は、ポリスという装置によって、自然に徳の習慣へと導かれたのだという。

さまざまな思考実験や生活の多様性は、前人未踏の、あるいは人それぞれの個性にあった「新しい方法」をもたらす重要な契機になる。自由な経済競争が社会を豊かにするという主張の根拠のひとつも、この自由競争のもつ「発見の機能」にある。自由な実験や競争を許さないで、単一理性の提供する知識のみを強制すると、さまざまな可能性の扉を閉ざしてしまうことになるのだ。

経済競争も、誰が一番すぐれているか、誰が一番上手にこなすかということを、予め知ることができない場合に用いられるすぐれた「発見のための手続き」(ハイエク)として機能する。競争によってはじめて、最もすぐれた経済生産の方法が発見されるのだ。知識が不完全な経済社会では、現実にどの方法がある条件下で費用最小の生産方法であるかが前もってわかっているケースはない。むしろ競争の過程を通して、はじめて最適な生産技術が徐々に発見されていくのである。

しかし競争は、ある具体的なケース(たとえばスポーツ、試験など)に関して、誰が一番よくやったかを示すことはできるが、競争参加者各人が、自分の潜在的能力そのものを100パーセント出し切ったかどうかを判別することはできない。競争は最も効果的に新しい知識や事実を学ばせることはあるが、トップに立つ者は、彼を追いあげる者が近づいた時にしか、水をあけようとしないという点では、潜在的な力の完全なる現実化に寄与しないこともある。いずれにせよ、競争というのは科学の実験のような性格を帯びたものと言えよう。競争はまずもって「発見のための手続き」なのである。

経済問題の根本は、幾億幾千万という人々の頭の中に散らばって存在する知識や技能、あるいはそれらを獲得する機会を、いかに効率よく使用するかという点に存する。社会の中に存在するこれら知識や技能は、単一の主体がその全体を把握・所有しているのではないから、それをどう利用するかが最大の経済問題となる。このような視点に立つと、競争は、人々が知識を獲得し交換するプロセスと捉えることができ、すべての知識がはじめから単一の計画主体（例えば中央経済当局など）に与えられているとみなすことは、社会認識としては事実になじまない。財の質や人々の選好、あるいは効率のよい生産技術は、競争プロセスを通して徐々に発見されていくのである。

一般に一元論者（monist）が、社会の問題にも「科学的に決定的な」回答を原理的に見出し得るとみなすのとは対照的に、こうした考えは人間行動における無意識的な要素の存在や知識の不完全性を強調するという点で、多元論（pluralism）と名付けられよう。個人の生き方としても、「自分はこう考える」ということを過度に強調すると、他の可能性を排除してしまうだけでなく、過去の知恵への敬意を弱め、他人の考え方を軽視することになる。一人の人間の知恵など、社会全体に蓄積されてきた知恵の総量に比べれば、お粗末なものなのだ。だからこそ、同時代の他者の考えを抑圧せずに、ゆっくり耳を傾けなければならない。死者（過去）の言葉を振りかえらなければならない理由もここにある。古きをたずねることが大切であり、「自分はこう考える」と軽々に、そして頑固に主張し、己の「独創性」を強調することは愚かな幻想を生みかねない。

また、人間というものの存在目的が作為的に狭小化され、大多数の人間がその単純な目的のために働く「勤勉な羊」からなる社会より、人間が趣味と意見を異にし、議論し、攻撃し、拒否しうると同時に、それでもなお「共存する」という知恵を失わない社会を「善し」とする考えがここにはある。こうした姿勢のよって立つところは、人間の知識というものは原則として不完全であること、たえず誤る可能性があり、普遍的に通用するような唯一の真理を現在手にしている人も国民も存在しないという認識だ。だからこそ、われわれの信念というものはいかに強くとも、新しい実験や議論によって常に修正を受ける性質のものであることを肝に銘じなければならない。知識の扉を閉ざすことは、長く「誤謬」に留まることに等しいのである。

7―自由の擁護を功利主義から切り離せるか

自由を社会科学的に擁護しようとする場合、特に経済学では、自由な市場は最高の厚生（well-being）をもたらすという功利主義的な立場から「自由の効用」を説き、「便宜的な手段としての自由」という側面が強調される。自由を認めた方が良い結果が生まれるという考えだ。

しかし現実にはこの便宜の計算には思わぬ陥穽が潜んでいる。自由の擁護のために功利主義的にある政策の費用と便益を正確に比較考量することは現実には困難であり、強いて仮想的に費用と便益の計算だけで判断すると、「政府の干渉や中央による計画」に対して、自由を擁護する立場が敗退してしまうケースが多くなる。個々の政策の正の効果（merit）のみに目を向けてその是非を考量するなら、つねに強制と管理の政策の便益を過大に評価する方にバイアスがかかることは避けられない。政府は、常に政策のもたらす便益や利益を強調し、過大評価し、そのコストや予期せぬマイナス効果に関しては楽観的に過小に見積もる傾向がある。自由と強制との間の選択は、単に功利主義的な視点から便宜（expediency）の問題として扱われると、自由（政府が干渉しないこと）は常に犠牲とされなければならない運命にある。つまり、自由が必ず保持されうるのは、自由が「至高の原理」（supreme principle）、あるいは「ドグマ」としてあつかわれるときだけなのである。

経済政策におけるプラグマティズムの勝利は、現代の知性の勝利のごとく論じられることがある。しかしこうした便宜主義にもとづく社会工学の適用は、多くの場合、自由の侵害につながりかねない。したがってハイエクに代表される自由主義のイデオローグが、現代では全く不人気な「ドグマ」という言葉を敢えて用い、自由は「ドグマ」として最重要の意味を持つと主張する理由もここにある。

8―なぜ「独立自尊」が重要なのか

功利主義的な自由の弁護が不十分だとすれば、では、なぜ人間は（自由であることを強制することはできないとしても）「自由でなければならない」のか。「ドグマ」としての自由の根拠をどこに求めればよいのか。先に触れたG・オーウェルは、自由を「人間の意識の領域の拡大」として捉え、その領域を狭めるような「全体主義」と闘うことに意味を見いだした。確かに人間を動物から区別するひとつの物差しは「意識や関心の広さ」である。

この点について見事な説明を与えたのは近代デモクラシーの思想家、アレクシス・トクヴィルであった。彼は個人の尊厳と自由を最高位に置き、その個人が属する「地域共同体」の自治、そして地域共同体の集合としての「国家」へ、という三層の構造に留意しながら自由の根拠についてひとつの答えを与えたのである。彼は個人の自由と権威の問題、そして地方自治と自由の問題について、

「もしこの権威が私の行く道の最も小さな荊まで取り払うと同時に、私の自由と生命の絶対的な主人であるとすれば、（中略）権威のもたらす便益は私にとって何の重要性もない」（『アメリカのデモクラシー』第1巻上、松本礼二訳、岩波文庫、147頁）と人間が精神において他者の「奴隷」になることの惨めさを強調する。

そしてまた、「何事をなすにせよ、人間社会の真正な権力は意志の自由な協力のうちにしか認められぬであろう。そして、すべての市民をあまねく一つの目的に向けて長期間歩ませうるものは、愛国心か宗教しかこの世にない」と述べている（同149‐150頁）。

この思想は、ローマ・カトリック教会の考えの中に含まれる「個人の尊厳」という信条（論証のできない信念）と共通する。さらに近年EUで議論されてきた「補完性（subsidiarity）の原理」とも無関係ではない。地域共同体と国との間で権力をどのように分割して、個人の自由や地域共同体の自由と独立をいかに確保するのかという問いは、ヨーロッパ連合とその加盟諸国の関係をどのような統治構造の下に置くかという「補完性」の問題として論じ続けられてきた。EUの各メンバー国のレベルで決めるべきアジェンダを、EU全体の統治機構の中にどう位置づけるのかという問いである。

「補完性の原理」では、個人や地域の自治組織でできることは個人や自治組織に任せ、できないことだけを国家がカバーする。EU加盟に際しては、マーストリヒト条約の批准を国民投票で否認したデンマークのように、EUによって自国の独立性が侵食されることを強く恐れた国があった。こうした小国の警戒心が影響して、「補完性の原理」がEUの統治構造として最終的に採用されたという。そこには「人間の尊厳」と表裏一体の「自己決定権」の問題が厳しく問われているのだ。

EUの「補完性の原理」の議論は、トクヴィル『アメリカのデモクラシー』出版から100

年を経たローマ・カトリック教会の回勅 Quadragesimo Anno に現れる（註）。この回勅は１９３１年、当時の教皇ピウス11世が、その３代前のレオ13世が出した回勅 Rerum Novarum 40周年を記念して公布したものである。１８９１年のレオ13世の回勅は、カトリック教会が初めて公の文書の中で「社会問題」を取り上げ、各々の共同体はその目的によって定義され、その個別のルールに従うべきこと、そして「人間はすべての社会制度を考える上での出発点であり、対象であり、目的である」という人間中心の社会観をはっきりと提示したことで知られる。「……人間は国家より先に出現したものだからである。人間は国家が成立する前に、生きる権利と自分の存在を守る権利とを、自然から受けていたのである」という文章がそれを端的に示している。

アレクシス・トクヴィル
（1805年-1859年）

その40年後に出されたQuadragesimo Anno は、ドイツのイエズス会士で社会学者でもあったオスヴァルト・フォン・ネル＝ブロイニンクの協力を得て作成され、「補完性の原理」が盛り込まれたといわれる。ここではこの回勅のなかで決定的に重要と思われる箇所のみを引用しておこう。

「社会情勢の進展によって、以前には小さな団体が行ってきたことを、現在では大きな団体でなければできないのが事実である。しかし、次の社会哲学の重要な原則は不変のものであって変更することはできない。すなわち、個人の創意と努力によって行うことができることを個人から奪い取って公共団体に移管することは許されない。これと同じように、小さな下級の団体が公共団体のために果すことができることを取上げて、もっと大きな、上の社会にまかせることは、不正なことであり、また正しい秩序を大きく乱すことである。……そのために、次のことを念頭においていなければならない。すなわち、『相互補足』の原則によって各種の団体の間に段階的秩序が十分に守られておれば、公共団体の権威とその機能とはますます強大なものとなり、公共の事業は一層円滑になり、一層繁栄した国家となるであろう」（この「相互補足の原則」Principium subsidiaritatis が現代では「補完性の原理」と訳される）。

個人の創意と努力をまず尊重し、小さな団体でやれることは大きな団体には委ねない。そのような階層的な秩序を示すとともに、先に触れたバーリンの区別した二つの自由、すなわち「積極的自由」と「消極的自由」の双方が巧みに織り込まれている。

（註）以下、カトリック教会の回勅の引用はA・ジンマーマン監修・浜寛五郎訳『カトリック教会文書資料集』（改訂版　エンデルレ書店、1982年）に拠った。

第2章　自由のために闘ったアテナイの人々

　前章では自由という価値とその源泉について述べた。本章から自由の歴史について時代を追ってその特質をたどりたい。それは自由を獲得するために人類はいかなる闘いを展開したのかを振り返ることでもある。自由を獲得することがいかに困難なことなのか、自由を失うことがいかに容易いことなのか、それを実感するには歴史を知ることが欠かせない。自由の「私的な精神的欲求」という側面と「公的・社会的な効果」という二つの側面に留意しつつ考えたい。

ヴィルヘルム・フォン・カウルバッハ作「サラミスの海戦」

1　サラミス島へ渡る

アテネ市街からさほど遠くないピレウスは、エーゲ海の島々への玄関となる港である。第2回ペルシア戦争が終わった後、アテナイのストラテゴス（将軍）、テミストクレスによって建設された港だ。現代ではモダンな地下鉄駅があり、騒々しい大きな商業港となっているから、そこに古代ペルシア戦争の痕跡を認めることは難しい。1970年8月、憧れのギリシアを旅し、ピレウスからサラミス島にフェリーで渡ったことがあった。ペルシア戦争を叙述したヘロドトスの『歴史』は読んでいなかったが、「サラミスの海戦」は歴史の授業で聴いていたので、どうしても見てみたいとの思いがあった。ギリシアになんとなく憧れる人は多いが、わたしもそのひとりだった。

ギリシアへの憧れについては、霜山徳爾『人間へのまなざし』（中公叢書）に興味深いエピソードが記されている。貧しい医学生であったフロイトは、1904年、長年の夢が叶い、弟と一緒にアテネを旅行し、アクロポリスを訪れた。夢心地でアクロポリスの丘に立った彼を突然襲ったのは「現実感喪失」であった。彼は一緒にいた弟に、「自分たちがアクロポリスにいるのは本当か」と何度も尋ねたという。こうした現象を心理学者は、人間はあまりに願望通りに物事が満たされると、かえって死や破滅を求めると解釈するそうだ。ギリシア旅行の実現は、かれの存在の消滅にも繋がりかねないような出来事だったと見える。このフロイトの逸話を以てしても、ヨーロッパ人のギリシアへの憧れには格別のものがあることがわかる。

しかしわたしの場合、フロイトのような「現実喪失感」はなかったが、それでも、「ああ、とうとう来たか」という感慨のようなものはあった。ピレウスから20〜30分ほどでサラミス島に着いても、2500年ほど昔の戦いについての想像を駆り立ててくれるような痕跡はほとんどない。少々拍子抜けして、エーゲ海でのんびりと泳いでアテネ市内のホテルに戻ったことを憶えている。

当時のギリシアは決して政治的に安定した状況にはなかった。1967年に軍事クーデタが起こり、憲兵による治安の維持が強化されていた時期である。先進国に広がった1968年の「若者の反乱」の空気はギリシアにまで届いていなかった。それより前の63年5月、反戦と反核運動に熱意を注ぐアテネ大学の医学部教授グリゴリス・ランブラキスが極右運動家に暗殺されるという事件が起こっており、この事件をモデルにした映画『Z』(監督コスタ＝ガブラス)を、わたしは大学院のクラスメートに薦められてボストンで観ていた。この映画で、民主左翼同盟の国会議員ランブラキスを演じたのはイブ・モンタンである。左翼は善人、右翼は悪人という人物造形がややステロタイプであったが、右翼が警察上層部と結託した暗殺事件であったことを明らかにする語り口はなかなか巧みであった。この映画がギリシアで上映禁止となったのは言うまでもない。

しかし74年の軍事独裁政権崩壊前のアテネといえども、旅行者にとってうわべはのどかな観光地にすぎなかった。サラミス島も穏やかな雰囲気にあふれていた。島民と片言の英語で話しながら、一緒に写真を撮ったりもした。現代のギリシアから古代ギリシアがいかに遠く、いかに異質な国と社会に変容したのかを実感し、ある種の失望さえ感じたものだ。憧れていたのは「想像のギリシア」であったことに気付いたのである。

2―アイスキュロス『ペルシア人』

アケメネス朝ペルシアの支配下にあったギリシア植民市ミレトスの反乱に端を発した第1回ペルシア戦争（BC490）は、自由なギリシア市民と東方の専制ペルシアの対立という形で図式化される。わたしが訪れたサラミスでは、BC480年、第2回ペルシア戦争の歴史的な海戦が起った。テルモピュライでギリシア連合軍のスパルタが玉砕してアテナイの防衛線が崩壊した後、ギリシア連合艦隊はサラミス島に後退する。その間、アテナイを占領したペルシア地上軍はアクロポリスを陥落させ、神殿に火を放ち乱暴狼藉の限りを尽くした。この窮地を救ったのが、アテナイの将軍テミストクレスの奇計である。「アテナイはギリシア連合軍を離脱した」という偽情報をペルシアのクセルクセス王に届くよう工作し、ペルシア海軍をサラミス水道へと誘い込んで撃破、見事敗走させたのである。

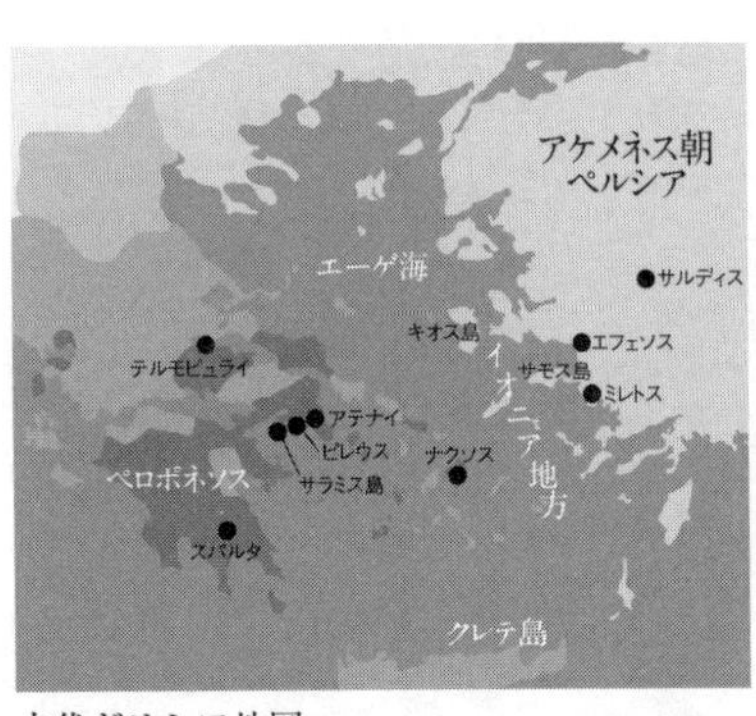

古代ギリシア地図

ペルシア戦争史

前6世紀に誕生した空前の大帝国アケメネス朝ペルシア。その支配下にあったギリシア植民市ミレトスの反乱を、アテナイなどが支援したことに激怒したペルシア王は、ついにギリシア本土への遠征を決意する。この2度にわたるギリシア遠征は、ヘロドトス『歴史』に記述されている。

前6世紀半ば	アケメネス朝ペルシア成立
前522	ダレイオス１世がペルシア王に即位
前499	イオニア反乱が始まる
前494	ミレトス陥落（イオニア反乱の終わり）
前490	第１回ペルシア戦争（マラトンの戦い）
前485	クセルクセス1世がペルシア王に即位
前480	第２回ペルシア戦争（サラミスの海戦）
前478	アテナイを中心としたデロス同盟結成
前472	アイスキュロスの悲劇『ペルシア人』上演
前461	アテナイのペリクレス、政敵キモンを追放
前431	ペロポネソス戦争が始まる

サラミスの海戦はアイスキュロスの悲劇『ペルシア人』によって海戦後8年を経て上演されている（BC472）。実際の海戦と演劇上演の時間的な差はきわめて短い。だからこそサラミスの海戦に参戦したアイスキュロスは、そのときの戦闘を作品の中に実況中継の如く活写できたのだろう。若きペルシア王クセルクセスは、先に述べたようにテミストクレスの策略に陥り、壊滅的な敗北を喫する。その知らせを受けたクセルクセスの母のアトッサは、亡き夫（先王ダレイオス）の霊を呼び出し、敗戦の原因を探る。そして敗因は大自然を支配しようとした驕慢にあったと告げられる。

『ペルシア人』で、アイスキュロスが、ペルシアの敗北はギリシア側の兵士の質の良さゆえというよりも、そこに「神意」（超自然的な力、あるいは天が定めた宿命）を感じ取っている点が印象的だ。「運」というものが、いかに戦争においては勝敗の決定的な要因となるかを強調するのである。「運」は、言い換えると人間の知りえない「神意」ということになる。人間の傲慢が許容しがたいほどになると、神の怒りの鉄槌が下されると考えていたのであろう。

この『ペルシア人』の中で、ペルシア軍の敗走を伝える使者がアトッサへ、アテナイ海軍の船団から次のような喚声が聞こえたと告げる。

「おおヘラスの子らよ、すすめ！
　祖国に自由を！
子や妻に自由を！
古い神々の御社や父らの墓地に自由を！
すべてはこの一戦できまるのだ」（久保正彰訳）

「ヘラスの子」であるギリシア人にとっては、ペルシアとの戦いは、「自由」を護るための戦いを意味した。当時20歳を少し過ぎたペリクレスがこの『ペルシア人』の上演世話人として奔走したといわれるが、自由と平等のラディカルな政治家がこの悲劇の上演に熱心だったのは想像に難くない。

3―イオニア反乱からペルシア戦争へ

ペルシア戦争についてはヘロドトス（ＢＣ４８４頃‐ＢＣ４２５頃）が『歴史』で雄弁に語っ

ている。ヘロドトスの戦闘の記述自体には誇大な表現があり、「事実」を云々するための歴史資料としての信頼度は低いといわれる。しばしば挙げられる例として、ヘロドトスはペルシア軍の兵力について戦闘員264万人と伝えているが（ヘロドトス『歴史』7-185、松平千秋訳、岩波文庫）、これはどう考えても信じ難い数字だ。ツキュジデス（BC460頃-BC400頃）が批判するように、ヘロドトスは「真実探究というよりも聴衆の興味本位の作文に甘んじ」た「伝承作者」であったかもしれない（トゥーキュディデース『戦史』1-21、久保正彰訳、岩波文庫）。語られた事柄が「事実」であるか否かを、いわゆる実証史家は問題にしたがるかもしれない。しかし歴史叙述において大事なことは、語られたことが「事実」か否かを精査することだけでなく、それを「事実」として語った叙述者の見方、すなわち思想も重要だという点を軽視してはならない。

そのような視点から、『戦史』冒頭でツキュジデスが自作について、暗にヘロドトスを批判しながら「私の記録からは伝説的な要素が除かれているために、これを読んで面白いと思う人はすくないかもしれない。（中略）この記述は、今日の読者に媚びて賞を得るためではなく、世々の遺産たるべく綴られた」（『戦史』1-22）と述べている箇所を読むと、彼のヘロドトスへの強いライヴァル意識を感じる。とはいえ、かく批判するツキュジデスの『戦史』にも、その場にいなかったのに「まるで見てきたように」、そして「実況放送の如く」いくつかの合戦や演説を記述したと考えられる箇所が少なからずある。

こうした歴史記述に対する評価は、日本のいわゆる「歴史小説」の好みを友人と話すときの論争を想起させる。例えば友人は「司馬遼太郎」派、わたしは「吉村昭」派。司馬遼太郎を礼賛する友人は「司馬遼は面白い」といい、吉村昭の作品が好きなわたしは「吉村昭は実によく調べている」と感心する。何に重きを置くかの違いであって、優劣をつけるような比較ではないのだ。ただし、大岡昇平の『歴史小説の問題』を読むと、読者は「自分が何を楽しんでいるのか」という自覚が必要なことを痛感させられる。

ともあれ、ペルシア戦争は東西対立の大戦争、「自由と専制」の天下分け目を決する一大危機であった。この点に関するヘロドトスの叙述に耳を傾けよう。

ヘロドトス（紀元前484年頃 - 紀元前425年頃）

ペルシア帝国は小アジアのギリシア人全体に対して過酷な弾圧を加えたわけではない。小アジア西岸の中央部イオニアのポリス（キオス、サモス、ミレトス、エフェソスなど）のギリシア人は、自由なギリシア的生活様式を墨守しており、ギリシアの「先進地域」としての誇りも持っていた。だからこそペルシア王ダレイオス1世（クセルクセスの父）の支配に対して属州民として強い不満を持っていたと考えられる。特に前6世紀のミレトスはイオニア文化の中心であり、いわゆる「ギリシア哲学」の誕生の地と言われるほどに、多くの萌芽的な哲学思想を生み出していた。自由がもたらす多事争論の風土である。

したがってペルシア戦争の前哨戦とも言うべき「イオニア反乱」（BC499 - BC494）は起こるべくして起こったという面がある。この反乱の経過のなかで興味を引くのは、ミレトスの僭主アリスタゴラスが反乱を決断して取った次のような行動だ。

「アリスタゴラスはまず、ミレトス人が進んで自分の謀反に加担してくるように、本心はとも角名目上は、ミレトスで独裁制を廃して万民同権の民主制を敷くこととしたが、つづいてイオニアの他の地区にも同様の政策を実施しようとし、幾人かの独裁者を追放したり、また彼と共にナクソス遠征に参加した船団から捕えてきた独裁者たちを、町々に恩を売るため、それぞれの出身地である町へ引き渡したりなどしたのであった」（『歴史』5 - 37）。

多くの兵力を動員し兵士の戦意を発揚するためには、独裁制で「強制」するよりも、民主制のもとで兵士から自発的な戦闘意欲を引き出した方が効率が良いという考えである。しかし、自分以外の僭主はすべて追放し、アリスタゴラス自身は独裁権を握り続けるのである。市民に平等と自発性を尊重させるように仕向けつつ、その「自発性」のベクトルをひとつの権力（つまりアリスタゴラス自身）に集中させるためには、デモクラシーほど都合のよい装置はないことを知悉していたと思われる。この「本心はとも角名目上は」というヘロドトスの言い回しは、彼の人間への洞察の見事さを際立たせている。また、アリスタゴラスはイオニア反乱軍の敗色が濃くなると逃亡を画策する。これはデモクラシーの下での独裁者のひとつの姿を象徴的に示しているのではなかろうか。名誉を重んじる貴族制の下では、主権者（王や貴族）は逃走などせずに命を差し出したであろうから。現代でも、海難事故で、最高責任者である船長が最後まで船に残り、運命を船とともに全うするのか、乗船者の誰よりも先に逃げ出すのかは、その国の体制（regime）が生み出す気風が影響するようだ。

僭主アリスタゴラスは「イオニア反乱」でギリシア本土のポリスに救援を求める。スパルタ王クレオメネスは協力を拒否し、アテナイは援軍の兵船を送った。しかしペルシア軍の反撃は功を奏し、ミレトスはペルシア軍に占領されるのだ（BC494）。スパルタ王クレオメネス1人を欺くよりも、3万人のアテナイ人をだますことの方が容易だった、とヘロドトスは皮肉っている。結局、この反乱がダレイオス大王にギリシア本土攻撃を決意させる。いわばペルシア戦争への導火線となったこの「イオニア反乱」の経過をヘロドトスは巧みに説明するのだ（『歴史』5-23から6-42）。

4―アテナイの自由と東方の専制

スパルタ人とは異なり、アテナイ市民は自由への憧れが大きかったからこそ、アリスタゴラスの求めに応じてイオニアへ援軍を派遣したのであろう。しかし反乱開始後6年たらずでミレトスは陥落、全市民は奴隷となる。こうした結末は、アテナイ人の自由を希求する精神をますます強めたに違いない。

かつてスパルタ王であったデマラトスは、クレオメネス1世の策略にあって廃位され、ペルシアへと渡っていたが、第2回ペルシア戦争ではクセルクセスに同行し、小アジアに領地を充てられていた。この時代も、（都市）国家の内部でも、あるいはギリシアとペルシアという東西の国家間でも、裏切りや策謀が渦巻いていた。そのデマラトスは、テルモピュライの合戦の直前に、クセルクセス王からご下問を受ける。「果してギリシア人どもが敢えてわしに刃向い抵抗するであろうか否か、わしに申してみよ」と。デマラトスは、クセルクセスが「自分を喜こばす答えではなく、真実を知りたい」と思っていることを確認した上で、「ギリシア精神」なるものを次のように説明する。『歴史』からその箇所を引用しておこう。

「そもそもわがギリシアの国にとっては昔から貧困は生れながらの伴侶のごときものでありました。しかしながらわれわれは叡智ときびしい法の力によって勇気の徳を身につけたのでありますし（筆者傍点）。この勇気があればこそ、ギリシアは貧困にも挫けず、専制に屈服することもなく参ったのでございます。（中略）私が申し上げたいことはすなわちまず、ギリシアに隷属を強いるごとき殿の御提案は、絶対に彼らの受諾するところとはなりませぬし、さらにはたとえ他のギリシア人がことごとく殿の御意に従うことがあろうとも、スパルタ人のみは必ず殿に刃向い戦いを交えるであろうということでございます」（『歴史』7-102）

さらに、

「彼らは自由であるとはいえ、いかなる点においても自由であると申すのではございません。彼らは法（ノモス）と申す主君を戴いておりまして、彼らがこれを怖れることは、殿の御家来が殿を怖れるどころではないのでございます（筆者傍点）」（同7-104）。

ここに「法」と「自由」の関係が、「人の支配」ではなく「法の支配」との関連で提示されていることに注目したい。この点については、後段のプラトン『法律』の議論でもう一度立ち戻ることにする。

5 自由と運命の関係

その前に、ヘロドトスの考えた「自由」と「運命」との関係についてふれておきたい。自由を求めることと運命に支配されるということは矛盾するのではないかという古典的な難問だ。古代ギリシア人は、運命と自由の間を結びつける糸は、人間の努力を含めた自由意思であり、謙虚さや傲慢などの人間の性格だと考えていたようだ。

ヘロドトスは『歴史』の冒頭で自らの叙述姿勢を次のように述べている。

「かつて強大であった国の多くが、今や弱小となり、私の時代に強大であった国も、かつては弱小であったからである。されば人間の幸運が決して不動安定したものでない理（ことわ）りを知る私は、

大国も小国もひとしく取り上げて述べてゆきたい」(同1-5)

この文章は日本の軍記物『平家物語』の冒頭を思い起させる。多くの人が暗唱している『平家物語』の巻第一の冒頭の、「祇園精舎の鐘の声、諸行無常の響あり。沙羅双樹の花の色、盛者必衰のことわりをあらわす。おごれる人も久しからず、只春の夜の夢のごとし。たけき者も遂にはほろびぬ、偏に風の前の塵に同じ」という諸行無常と盛者必衰の思想である。

外国の例(中国)でも、秦の趙高、漢の王莽、梁の周伊(朱异)、唐の禄山といった逆臣は、あっという間に滅亡した。わが国でも、平将門、藤原純友、源義親なども、その驕りと猛々しさはそれぞれであったが、結局は皆滅んでいった。最近の驕れる者の代表として平清盛がいるが、その清盛の盛衰は、心も言葉も及ばないほどである、と語り始める。清盛の死後、平家を京から追い出そうとする木曾義仲、次いで後白河法皇を幽閉した義仲を討ち、さらに平家を屋島に討ち、壇ノ浦で滅亡に追いやる源義経、これらすべての主人公がみな「盛者必衰」の理どおりに滅んでいく運命を、誇張や虚構を織り交ぜつつ語る歴史哲学には、ギリシア悲劇やヘロドトスに見られる人間の「運命」と「自由」の関係に対する見方と共通するものがある。

もちろん、ギリシアの歴史家や悲劇作家における「運命」という概念と、平家物語における「盛者必衰」が同じだとは言えない。しかし「先に決められている」、「人の意思や想いをこえて人に幸・不幸を与える力に翻弄される」という点では確かに似ている。だがヘロドトスの場合、個人の悲劇だけでなく国家の盛衰を問題としている。『平家物語』は、個人や一族の滅亡であり、政治や軍事の天才、あるいは逆臣の「盛者必衰」を物語っている。さらに古代ギリシアにおいては、「運命」は、驕慢という人間の性格に左右されるとする点が、いま少し具体的かつ分析的に捉えられている。

また、ソフォクレス『オイディプス王』で展開されているように、ギリシア悲劇における「運命」は、「自分の行動それ自体が予言の成就へと駆り立てていく」という性格を持つ。いわば「自己実現的期待」(self-fulfilling expectations) と呼ばれるもので、当人は自由意思で行動を選択しているつもりでも、実際は一つの予言の成就のために行動してしまっているに過ぎないという「運命」である。

「そう思うから、そうなる」という悪循環によって、社会が好ましからざる状況に陥る例は多い。しかし、自己実現的期待が逆に好循環を生むケースもある。バーナード・ショウの戯曲『ピグマリオン』(映画『マイ・フェア・レディ』の原作) の主人公イライザは、ピカリング大佐に「花売り娘としてではなく、レディとして扱ってくれるから、私はあなたの前でレディでいられる」と言っている。『マクベス』をはじめ文学には、この「自己実現的期待」を扱った作品は多い。心理学より文学がこのアイディアの元祖というべきだろう。

「運命」「運」「偶然」「必然」など、運命と自由に関する考察には様々な類似の概念が登場し、哲学者や神学者を悩ませているような状態である。こうした難問にはそれ相応の語義と論理の厳密さが要求されるはずであり、一刀両断で解決できるような良い答えを誰も持ち合わせてはいない。いわば例題として、筆者が高校時代に数学の先生から聞いた「運命」にまつわる論理上の「怠け者のためのパラドックス」を考えるのも面白い。

試験を前にした若者がこう考える。「もし自分がこの試験に落ちる運命にあるのであれば、いくら勉強しても落ちる。また、もし自分が受かる運命にあるのであれば、勉強しなくても受かるはずだ。自分は受かる運命にあるか、落ちる運命にあるのかのいずれかだ。したがって、いずれの場合も、自分は勉強する必要はない」と。

こうした推論はもちろん「馬鹿げている」と一笑に付される。「運命」は、「どれだけ勉強をしようとするか」という自由意思（のりしろのようなもの）によって左右されるわけであるから、実際にはこの「運命」の論理を信じて、「勉強しない」ほうを選択する愚か者はいない。この論理が、論理としては形式的に成立しているのに、現実に正しくないのは、「運命」という（意思や性格に左右され）事後的にしか定義できない「力」を知る者が、現実に存在するかのように想定しているからだ。

6―ペリクレスのラディカル・デモクラシー

ツキュジデスは、「運命」を描いた悲劇詩人のひとりソフォクレスや政治家ペリクレスと言葉を交わす仲だったと言われている。つき合いのある人を客観的に公正に描くことは難しいから、同時代史であるツキュジデス『戦史』に描かれたペリクレス像にはバイアスがあろう。その点ではペリクレスを知るための文章として、帝政ローマ時代のギリシア人、プルタルコスの『対比列伝』の方が参考になるかもしれない。だがペリクレス死後５００年以上が経過しているため、同時性（その時の観察）と現地性（その場所での観察）という点でデータの鮮度は落ちる。伝聞や想像で作り上げられた部分も多いだろう。しかし多くのペリクレス研究の専門家は、この『対比列伝』にかなり依拠しているようだ。すべてをそのまま受け入れることはできないものの、なるほどと思わせる記述も多い。

　ツキュジデス、プルタルコス、現代の歴史家などが展開する「ペリクレス論」から最大公約数的なところを抽出すると、ペリクレスが親スパルタ派の政敵キモンを追放（ＢＣ４６１）したあと、ペロポネソス戦争開戦（ＢＣ４３１）までに行った重要な政策が二つある。ひとつは民衆法廷への出席に手当を支給することによって貧困階級の政治参加を可能にしたこと。もうひとつは、パルテノン神殿の建設などの公共事業だけでなく、悲劇・喜劇の観劇手当を支給するなどのバラマキ政策を行ったことである。文化政策を重んじ、哲学や教育を大事にしたようだと言われる。他面、心霊に関わる

ペリクレス
（紀元前495年頃 - 紀元前429年）

現象には懐疑的なリアリストであり、金の力をよく知る政治家だったという指摘もある。時にペリクレスは、自由と平等のデモクラシー絶頂期の政治を執り行った英雄的な政治家として語られるが、実際は、大資産家であった政敵キモンに対抗するために、かなりきわどい公金使用を行っていたという記述もある（アリストテレス『アテナイ人の国制』第27章）。ただ、ペリクレスは、政治家たる者が備えなければならない条件は、なすべきことを見抜き、これを言葉に出して説明し、ポリスを愛して、金銭の誘惑にまけないことだと説いている（『戦史』2-60）。

要するに、自由と平等のために、ペリクレスは民衆の人気をいかに買うかに心を砕いていたのだ。その過程で生まれたのが、「リベラル」のペリクレスが先導して「保守派」の政敵キモンを陶片追放したという図式なのだろうか。デモクラシーの下で政治を動かすためには、民衆の支持が必要であり、民衆の支持を得るためには、自由と平等を実感できる条件を創り出さねばならないという点は、現代と少しも変わらない。自由は人々に直接的な快感を与える。その自由と平等の快楽の中に、ペリクレスのデモクラシーが崩壊する兆しはすでに現れていたのだ。

ペリクレスは、極めて寡黙で、自己規律に厳しかったという。棺を蓋(おお)って事定まるとすれば、「ペリクレス程に威厳の中に節度があり、温和のうちにも尊厳さのある人柄というものは何びとにも備わっていないということを、（アテナイ市民は）改めて認識しなければならなかった」（ちくま学芸文庫『プルタルコス英雄伝』（上）、馬場恵二訳「ペリクレス」315頁）というプルタルコスの言葉は重い。アテナイの民主制は、こうした寡黙でカリスマ性のある人柄によって支えられたのである。

しかし彼が死んだあと、その「自由」を過度に尊重する政策の悪影響が現れ始める。実際プラトンは、一兵卒としてペロポネソス戦争に参加したソクラテスをして、「つまり、ペリクレスは、公けの仕事に手当を支給する制度を最初に定めた人なのだが、そのことによって彼は、アテナイ人を怠け者にし、臆病者にし、噂好きのおしゃべりにし、また金銭欲のつよい人間にしてしまったのだ」(『ゴルギアス』515E、加来彰俊訳、岩波文庫、216頁)と語らせ、ペリクレス礼賛の風潮を批判しているのだ。

7―自由と統制の関係

自由の問題を、「自由と法」という視点から論じた哲学的思考の最も古い結晶はプラトンの『法律』であろう。『法律』はプラトン晩年の大著だ。登場人物は、プラトンと思しきアテナイからの年老いた客人、クレテ人のクレイニアス、ラケダイモン人(スパルタ人)のメギロスの3人である。プラトンの対話篇にしては珍しくソクラテスは登場しない。アテナイからの客人のいわば「独壇場」のような形で対話が進む。クレテとスパルタの国制のもとで育った2人がアテナイの法律と制度を客人から聞く、という形をとっている。この大作の論点をすべて洩らさず説明することは筆者には到底なしえないが、自由の考え方について、自由と相補的な制度、すなわち「法の支配」がすでにプラトンによって洞察されている点について触れておきたい。

アテナイからの客人は、法律が支配者ではない国家、法律が主権をもたないような国家の滅亡は目に見えているとして、次のように言う。

「法律が支配者の主人となり、支配者が法律の下僕となっているような国家においては、その国家の安全をはじめとして、神々から国家に恵まれる善きことのいっさいが実現されるのを、わたしははっきりと見るからです」（『法律』（上）715D、森進一・池田美恵・加来彰俊訳、岩波文庫、255頁）。

人間は弱いもので、絶対的な権力を持つと思慮を失って、権力を私利私欲のために乱用するようになる。こうした事態が、僭主制だけでなく、寡頭制や民主制においても起こることをプラトンは強調する。なぜならこうした政体は、支配者である階級や政党が被支配者の同意を得ることなく自己の利益のために力で支配する「派閥制」という性格を持つからだ（同832C）。

この権力の「自己悪化」は、国家の中枢にある政治家や行政官だけに見られる現象ではない。あらゆる組織、およそ統治（governance）を必要とするあらゆる人間の集団に見られる。権力はそれにかかわる者に独特の興奮を、本人とその周辺に醸し出すことを、米国の外交官であり外交史家でもあったG・ケナン（1904‐2005）は、次のように述べている（G・ケナン、関元訳、中央公論新社『二十世紀を生きて――ある個人と政治の哲学』第三章）。

「高い地位の人の身近にいるというだけで、その気持ちにすっかり酔いしれている者を私は見てきたし、それは私だけではないはずだ。（中略）権力の興奮が、その取り巻き、また取り巻きになろうとする者全員を、包み込むのである。繰り返すが、それが人格を歪めて、価値観だけでなく、人間関係をも左右する」

そして、祖父、曾祖父と二人の大統領を生んだ米国の「政治貴族」の家に生まれた思想家ヘンリー・アダムズ（1838－1918）の強烈な言葉をケナンは引用する。

「権力と名声がすべての人間に及ぼす影響は自己悪化であり、ついには患者の同情心を殺してしまう腫瘍である。飲酒や変態趣味へのあこがれのような、病める欲望である。それが刺激する自己肥大の凶暴性については、どんな表現も強過ぎることはない」（*The Education of Henry Adams*、刈田元司訳『ヘンリー・アダムズの教育』八潮出版社、1971年）

ジョージ・ケナン
（1904年－2005年）

プラトンの指摘する権力による人間の劣化は、現代の政治と権力にも現れる普遍的な現象なのだ。だが、「法律によって拘束される」ということは、確定した意味を持つのだろうか。ことは単純ではなさそうだ。法律は、一般的な原則を具体的事例に適用していくための指針を与える。しかしその法律といえども、すべての起こりうるケースを念頭に置いているわけではない。必ず法の管理者の解釈が求められる場合が生ずる。その解釈を、法の管理者（達）という「人間」の手に委ねざるを得ないのである。

したがってその法の管理者がいかなる人間なのかによって、「法の支配」の内実にはある程度の恣意性が入り込まざるを得ない。アテナイからの客人は、知識を持つ人の支配が「法の支配」より優れていることを認めはするが、それは原則論（理想論）だとしている。そのような知識と素質に恵まれた神のごとき人間がこの世に存在するとは思えないがゆえに、「法の支配」は、ベストではなく、セカンド・ベストにならざるを得ない。神のごとき人間のいないこの世では最善の統治ということになると考える。ここに、「法治国家」という政治体制を現実の統治原理としては最善であるとする、自由民主制（リベラル・デモクラシー）の原理的基礎が築かれるのだ。

注目すべきは、「法の支配」の原理が、単に法による一方的な「強制」という要素だけから構成されるのではなく、同時に説得と勧告を併用することが提議されていることだ。その方式を奴隷の医者と自由民の医者に譬えて、プラトンは次のように説明する。

奴隷の医者は奴隷の患者を診察する場合、説明や質疑もなしに「経験からしてよいと思われる処置を、あたかも正確な知識をもっているかのように、僭主さながら、自信たっぷりな態度で」、ただ処方をして立ち去る。それに対して自由民の医者は、患者や身内の人たちと話し合い、その病気の性質を説明し、説得によって患者の同意を得てから治療に取りかかる。「たえず病人の気持を穏やかにさせながら、健康回復の仕事を成しとげるべく努力する」のだ（『法律』720D）。

この譬えはデモクラシーの原則を重層的に運用することを示唆している点でも興味深い。プラトンの政治思想の核心は、「法の支配」は知性（ヌース）による支配と考えるところにある。法律の淵源を「神の支配」に求めることには、信仰という意味で、一段の飛躍が求められるので、プラトンは「完全なる知性」を拠り所としたのであろう。しかし「完全なる知性」を持つ者は神以外には存在しない。いずれにせよ、プラトンが、法を自然よりも上位においていたことは確かであろう。だからこそ、法は一旦制定されれば厳格に遵守されねばならないのである。

8―「ソクラテスの方法」とアゴラ

アテナイの人々が「自由」に対して大いなる憧れを抱いていたことはすでに述べたとおりである。こうした自由への憧れの根拠は何だったのか。個人の精神的な欲求（私的欲求）としての自由は、東方の専制に対する戦いへの戦意の強さに現れている。しかし、彼らは単に個人の精神的欲求としての自由を求めただけではない。ギリシア人は制度としての自由を社会的な視点から尊重する意欲と気概を示しているのだ。それは、自由な議論が新しい知恵と知識をもたらすという、自由の「社会的効果」を発見したからである。真理へ近づく手法としての「対話」(dialogue) の効力の発見と言ってもよい。

西欧社会の伝統の中から生まれた言論の自由の根拠は、ギリシア人たちが、ソクラテスの「対話」で示されているように、対話こそが真理に到達する主要な方法であるということを発見したことにある。自由に語る権利は、真理への接近と「善き社会」の形成にとって欠くべからざる手段のひとつだと気付いたのである。問いと反論、肯定と否定の対立を一段高いレベルで和解させつつ、真理への道を進もうとするのが弁証法である。論争者は、双方が、論争を始めたときに持っていた知識より一層深い叡智を対話が終わった段階で獲得するために、「協同的に」議論するのである。それは対話であって、相手を打ち負かすことをめざす論争 (debate) ではない。対話に求められるのは、一定の論理力と、相手の立場に身を置いて考えることのできる想像力なのである。

このソクラテスの方法 (Socratic Method) はいわゆる「弁証法」の基本的な型であり、雄弁術で論争に勝利を得ようと努力するソフィストの方法とは性格が異なる。ソフィストの多くは自らの知識や弁論の技能を人々に伝授することによって金銭的な報酬を得ていた。そこには教えるソフィスト自らが、さらに賢明になるという余地は勘定に入っていない。弁証法が、真理へ通じる過程での批判と総合であるのに対して、雄弁術は説得の方法に関する技術なのだ。

弁証法というと、あのヘーゲル哲学を想起する。筆者も大学時代、友人達との読書会で『精神現象学』に取り組んだことがあった。解る人には解ったようだが、悔しいことに筆者には、理解し、納得するという満足感は味わえなかった。しかしソクラテスの対話法にヘーゲルの弁証法のような難解さ、晦渋の極みを想像して敬遠することはない。あらかじめ「真理」を手中にしているものはいないから（神のみ！）、お互いに論議（debate ではなく、dialogue）を交わす過程で、少しでも真理に近づこうとする姿勢を意味するに過ぎない。真理へと疾駆する馬に「鞭」をあてる道具と言えるかもしれない。

自由は、真理を発見するという希望につながるからこそ高い公共性をもつのである。知りたいことを知ろうとし、表現したいことを表現する権利は、それ自体としては、公共の必要事であるよりはむしろ私的な快感を満たしているにすぎない。言論の自由や表現の自由は精神的自由であるから、対立する利益は何か、「公共の福祉」に抵触することはないかが考慮されねばならない。名誉の毀損、プライバシーの侵害や、醜い自己顕示、虚偽の広告などの行き過ぎにより「真理の核心」が見えなくなれば、言論の自由は害悪を生む。自由（freedom）と放縦（license）の境線は、言論の自由がもはや真理の手続として尊重されなくなったときにあらわれる。

ソクラテス
（紀元前469年頃 - 紀元前399年）

より真理に近いところ、より深い理解の世界へと導く対話のプロセスは、経済活動におけるアゴラの機能に似ている。「市場」と訳されるアゴラは、言論の自由と「市場における評価」を尊重するという姿勢と深く関連している。古代ポリスではアゴラは広場を意味したが、具体的には主に商取引（特に生鮮食料品）の場所を指した。前章でも触れたように、そのアゴラは市場取引をする場所であっただけでなく、民会の場所でもあった。古代ギリシアのポリスにおいては「市場取引」と「言論のやりとり」は「交換」という点で同じコインの両面のようなものであったのだ。この二つの概念を結びつける「交換」によって、人と人が結びつき「共同体」が形成されるのである。

この点にペリクレスは気づいていたのであろうか。裕福な政敵キモンが、自ら所有する伝来の領地から生まれる富を一方向に再配分して支持を得ようとしたのに対して、ペリクレスは積極的にアゴラでの売買を自ら行い、アテナイの商業的な場としてのアゴラを育成しようと努めたと言われる。交換という行為を通して共同体の一員になることを重視したのである。

数多くの人びとや集団が、それぞれ個別の目標をもって行動する経済社会では、市場での売買（交換）が、利害対立や抗争（盗みや略奪）を非人格的な力で調整する共同体を成立させる。しかしそれは決して「ひとつの価値基準」を用いて、多種多様な目標の間で生ずる対立・衝突を「中央経済当局」のようなところが意図的・意識的に解決している共同体ではない。

こうした自由な交換と相互依存の巨大なネットワークという意味で、catallactics という言葉が用いられることがある。市場の生み出す自生的な秩序を重視するハイエクによれば、catallacticsという語は、katallatteinというギリシア語の動詞から派生したもので、この言葉は単なる「交換」を意味するだけでなく、「共同体へ迎え入れる」、「敵から友へかわる」「和解する」という意味を担っているという。それゆえ、市場で相互に交換することによって、共同体に自生的に生まれる秩序を意味する言葉として適切だとハイエクは考えるのだ。

ここで重要なことは、市場参加者がおのおの別個の具体的目標を追求し、他人の目標について知ることも同意することもなしにそれぞれ便益を得ているという点である。各人の目標が異なりながら、なおかつ対立が解消され共存しうるということは、考えてみればたしかに不思議なことである。個人的には知ることのない「他人」がつくり出したものを、交換を通して獲得することによって相互に利益を受けるのである。いかなる目的で人々が自分の技能、知識、資源を使ったのかを知る必要はない。その「交換」が相手にどう役立つのか、あるいは互いの目的が一致しているのか否かを確認する必要もない。むしろ、交換する人々の必要や目的が互いに異なっているほど、その交換する当事者が得る便益が大きい。そして双方が利益を得ること、交換の条件（価格）が客観的にわかることが、交換（exchange）を互酬（reciprocity）から区別する。この市場の秩序を維持

フリードリヒ・ハイエク
（1899年-1992年）

するために必要なのは、財やサービスがそれぞれ誰に属し、それがどのような同意と承認によって移転されるのかというルールが客観的に規定されていることだけなのである。そして、このルール（法）が共同体内の交換の自由を支えているのだ。

第3章　古代ローマ人の自由と自死

人間の自由をめぐる問題のひとつに、自らの意思で己の命を絶つ自由があるか、という問いがある。何をもって「自らの意思」とみなすかで答えは変わってくるだろう。したがって一般論は難しい。自殺は罪であり、暗く、悲劇的なものだ、という印象が強いため、こうした問いに正面から向き合うことを避けがちになる。ギリシア人の倫理思想を実践的なレベルまで具現化したローマ人のあいだでは、政治家や文人が自ら命を絶つ例が目立つ。彼らは自死についてどのような考えを持っていたのだろうか。

ヴィンチェンツォ・カムッチーニ作「カエサルの死」

1　アダム・スミスの指摘

アダム・スミスは市場礼賛のイデオローグとしてしばしば引き合いに出される。「市場に聞け」、「市場が解決してくれる」という言葉は、政府の介入や非効率な公共事業に対する批判として発せられることが多い。確かに政府の行動は、往々にして外部の団体からの圧力によってゆがめられることがある。それに対し市場は、「価格」をシグナルとしつつ合理的計算にとって必要にして十分な経済情報を提供する。多数の消費者や企業の自由な取引が経済的効率性を保証する、というのは経済学の最重要定理のひとつだが、それをそのまま無理やり現実に当てはめようとする政策家が多いことには問題がある。

スミスは需要と供給を価格で調和させる市場の機能を重視した道徳哲学者（moral philosopher）である。しかしスミスは、「市場にすべて任せればよい」と無条件に市場を賛美する単純な理論家ではなかった。市場にはできることとできないことがある。そして市場の「解」が「善きこと」をつねに保証してくれるとは限らない。その点に留意しつつ、彼は正義の理論を準備し、自己利益の追求に「正義のルールを犯さない範囲で」という制約を課したのである。

さらにスミスは、個人の自己中心的な活動が「見えざる手（invisible hand）」に導かれて、社会全体に大きな利益をもたらすと述べてはいるが、「神の見えざる手」という言葉は用いていない。「神の」を付け加えるか否かによって、市場メカニズムへの評価は大きく異なってくる。あるレッテルが繰り返し用いられただけで、それが真理であるかのごときイメージを創り上げてしまうことは、どの世界でもあることだ。

そのスミスが生前に公刊した書物はわずか二冊に過ぎなかった。『国富論』と『道徳感情論』である。死の年（1790）までこれら二著に何度か彫琢を加えてこの世を去っている（死後、天文学史、古代の物理学、形而上学の歴史、芸術論などを含む『哲学論文集』（1795）が出版され、グラスゴー大学での講義録と書簡などが活字化された）。『国富論』に関しては、その後の経済科学（economic science）はこの偉大な古典に付された「脚注」に過ぎないと言われるくらい、多くが語られてきた。他方の『道徳感情論』も、スミスの長きにわたる人間と社会についての研究の結晶とも言える作品だ。最近日本でも新訳が公刊されており、優れた解説論文も見受けられるので、その内容の説明はここでは不要であろう。

ただ、「利己心（self-love）を説いた『国富論』と、共感（sympathy）を強調する『道徳感情論』のあいだに矛盾はないか」という素朴な疑問を持つ人は多い。実際、研究者のあいだでも、『道徳感情論』と『国富論』がスミスの学問の体系の中で、どのように位置づけられるのかをめぐる論争はあった。この問題に関しては、堂目卓生『アダム・スミス』（中公新書）が明晰な洞察を加えていると言及するにとどめ、ここでは『道徳感情論』の主要部分ではないが、古代ローマ人の自殺の問題をスミスが論じた箇所を取り上げたい。

『道徳感情論』（水田洋訳、岩波文庫）の第六版は死の直前（1790）に出版された。その第六部「道徳哲学の諸体系について」第二篇・第一章「徳が適宜性にあるとする諸体系について」において、スミスはプラトン、アリストテレスの正義論を論じた後、ストア派の始祖とされているゼノンを取り上げ、次のように加筆している。

「ストア主義者たちは、われわれにまでつたえられた、かれらの哲学の少数の断片のなかで、ときどき、快活さをもって、さらには軽率さをもってさえ、生にわかれることについて語って」（下巻254頁）おり、「自殺は、ギリシャ人たちのあいだで、ひじょうにふつうであったとは、けっして思われない。クレオメネスをのぞけば、私はさしあたって、ギリシャのひじょうに有名な愛国者か英雄のだれかが、かれ自身の手で死んだのを、思いおこすことができない」（同260頁）。そして、「この自発的な死の流行は、誇り高いローマ人のあいだでのほうが、いきいきとしていて独創的で融通がきくギリシャ人のあいだでよりも、はるかに優勢であったようにみえる」（同262頁）と。

アダム・スミス
（1723年 - 1790年）

ここで言うクレオメネスとは、前章でふれたスパルタ王デマラトスを策略で廃位したスパルタ王クレオメネス1世を指している。クレオメネスはアテナイの政治にも干渉し、亡命を余儀なくされてその後に帰国を果たしたものの、自死するのである。その最期の凄まじさは、ヘロドトス『歴史』（6 - 75）に記されている。ここでそれを繰り返すことが憚られるような凄惨さだ。

クレオメネスの死に方は常軌を逸しており、後のストア派の哲学者たちが論じた倫理的な選択問題のテーマになりうるような自殺ではない。ストア派が思索した「自殺」は、あの暴君ネロの師であり、ストアの代表的な哲学者セネカ（BC4頃 - AD65）がネロに命じられて自死したような死であって、クレオメネスのそれとは性格が異なる。ちなみにセネカの妻も自殺を試みているだけでなく、セネカを死に追いやったネロ自身も自殺している。ストア派の道徳学説を論じた箇所で、スミスが「自由意思による死」の問題を特に取り上げたのは、ストア派の哲学者たちが自殺の問題を道徳の問題として明示的に論じていたからであろう。

2―ストア派は禁欲を意味するか

そもそもストア派（Stoic）とはいかなる哲学を意味し、誰をストア主義者とみなすのだろうか。現代の日常語では、普通 Stoic は「禁欲的な」を意味し、禅僧やカトリックの托鉢修道僧を連想させる。彼らの我欲を断った生活を「ストイック」と考えるのだ。しかし歴史的に見て、食事も行のひとつと考えた仏教やキリスト教の修道院が美味い料理や酒を生み出していることからすると、「ストイック」であることは一定の快楽を是認していたと考えられる。「完全な禁欲」を意味しないとすれば、「ストア」と総称される思想は本来何を意味したのだろうか。人間の私的生活と政治的（公的）生活を宇宙のように整然と秩序だったものにしようとする（自然の法則に従う）哲学であるというのが一般的な理解だと言われる。ただ、もっと正確なところを知りたくて、19世紀ヨーロッパでのギリシア哲学の標準的なテキストの英訳版、Eduard Zeller, *The Stoics, Epicureans, and Sceptics* を手に取ってみた。まずわかったことは、すべての呼称がそうであるように「十把一絡げ」というわけにはいかないということだ。

そもそも時代区分からしても、ゼノン（BC335頃 - BC263頃）からマルクス・アウレリウス（121 - 180）まで、なんと500年近い時期にわたる哲学者達がStoicsの呼称の下に括られている。ローマの哲学がキリスト教の影響を受けた後まで含めると、論者によってはあのモンテーニュまでストア派に入れるようだ。確かに寛容や合理的な自己統制（self-control）を重視しているという点では、モンテーニュにもストイックなものを感じる。実際、道徳の教えに限れば、ストア派とキリスト教は殆んど区別できないのではないか。

ミシェル・エケム・ド・モンテーニュ（1533年 - 1592年）

モンテーニュは『随想録』（Essais）第一巻・第二

十章「哲学するのはいかに死すべきかを学ぶためであること」で、徳と死の関係について論じている。彼は、徳（virtue）は「力強さ」（virtus — manly excellence）というよりも、より好ましく、よりもの柔らかで自然な、「愉快」という名を与えた方がよいとし、「徳のためにかかる費用と徳の与えてくれる収穫との重さを比べあわせたりする者は、徳とのつきあいにはまったくふさわしくなく、徳の魅力も有用さも知らない人間なのだ」と功利主義的計算を批判している。徳のもたらす主な恵みのひとつは、死を軽く見られるようになることで、それによってわれわれの人生に柔らかさと平静さが送り込まれ、純粋で好ましい味わいを得ることができると述べている。そして生命の喪失が不幸ではないことをよく理解した者にとっては、生の流れのなかに何の不幸もありはしない、と付け加える。ここでは、もはやストア派とキリスト教は分かちがたく融合している。

モンテーニュより1800年以上さかのぼる初期ストアは、アテナイがもはや世界文化の中心ではなくなったころにあらわれた哲学であり、政治も文化も国際化が進み、ギリシアが「グローバル化」した時代に生まれた国際的な哲学という性格を持つ。この時期のリーダー的な存在は、ストア派の始祖と呼ばれるゼノンであった。

このゼノンの死について、アダム・スミスは『道徳感情論』の先に引用した箇所で次のような説を紹介している。98歳の高齢に達したゼノンが自分の学校からの帰途、転んで指の骨を一本折った。彼は地面を手で打ち、エウリピデスの悲劇「ニオベ」（現存しない作品）の台詞と推定される、「私はきた、なぜあなたは私をよぶのか」という言葉を発し、すぐさま家に帰って自ら縊って死んだという話だ（下巻261頁）。もちろん真偽のほどは確かではない。しかしゼノンが高齢に達して自らの意思で死んだと言われるのは、自発的な死について多くを語っていたゼノンが「自死した」と見做すほうが、彼への崇敬の念を強めると考えられたためだろうか。それほどにゼノンは、哲学の基本問題として自殺に強い関心を示していたのである。

そのストア派も、紀元後1、2世紀になると、論理や科学、あるいは禁欲主義のドグマではなく、静謐な生活、社会にとって益のある人間を理想とする哲学へと変質していったと見える。セネカはこの時期の代表的なストア派哲学者だ。そのセネカの自死に、権力者からの強制や教唆を読み取り、「自由意思による死」ではないと見ることもできる。丁度、利休が秀吉から「死を賜った」ように、権力者が「自死を勧める」という形が、西洋にも日本にもあったのだ。

先に触れたモンテーニュは『随想録』の同じ章で、第三次マケドニア戦争（BC172〜167）でマケドニアがローマに大敗したとき（ピュドナの戦い）の逸話にも触れている。捕虜となったマケドニア王ペルセウスは、ローマの将軍アエミリウス・パウルスに使いを送り、惨めな捕虜となった自分を凱旋式に連れ出さないでほしいと伝えたところ、ローマの将軍は、その使いの者に「彼は自分自身にその請求を行えばよいのだ」と言ったという。遠回しに、暗に、敗れたマケドニア王に自決を勧めたのだ。

アダム・スミスも、プルタルコス『対比列伝』の「パウルス・アエミリウス」に依りながら、この捕虜となったマケドニア王一家のケースを、「高貴の地位からの没落という絶対権の喪失が、なぜ人間にとって我慢できないのか」という視点から『道徳感情論』の中で次のように分析している（第一部、第四篇・第二章、上巻144−145頁）。マケドニア王一家が、凱旋将軍アエミリウス・パウルスに捕虜として連れてこられた時、ローマの民衆は、自分たちの権力にも立場にも無感覚な年若い王子たちへの同情と深い悲しみに打たれる。次に取り乱し、茫然自失したマケドニア王ペルセウスが現れ、彼の重臣たちが忠誠心からか自分たちの不幸を忘れ、君主ペルセウスの惨めな姿に涙している光景を目の当りにする。

これをローマ人はどう見ていたか。不運の下でも恥を忍んで生きながらえようとするペルセウスのような人間は、くだらない人間だとして、このような人物に同情は一切無用だと、軽蔑と憤怒の眼を投げかける。すべての権力と権力に伴う情操を奪い取られたまま生きながらえるペルセウスに対して、ローマ人の高潔さからしてみれば、どうしたら人はかような不運を我慢して生きながらえるほど卑屈な気持ちになれるのか了解に苦しむのである。

3─シーザー以外は自殺している

先に引いた「この自発的な死の流行は、誇り高いローマ人のあいだでのほうが、いきいきとしていて独創的で融通がきくギリシァ人のあいだでよりも、はるかに優勢であったようにみえる」というスミスの言葉は、自殺についての統計数字がなくても納得できる。シェイクスピア『ジュリアス・シーザー』からも明らかだ。この劇に投影された道徳思想が、古代ローマのそれか、シェイクスピア時代（エリザベス朝英国）のものなのかは判別しにくい。しかしプルタルコス『対比列伝』が主に素材として使われているから、史実についても、あるいはローマの思想風土についても大きな改変は加えられていないとみてよかろう（以下ローマ人の名前は、原則ラテン風に、シェイクスピアの戯曲の登場人物としては英語風に表記する）。

　ちなみに、この作品には懐かしい思い出がある。高校時代の英語の授業でブルータスの演説の一部を暗唱させられたからだ。わたしの通ったカトリックの高校では、文部省検定済教科書以外に神父の作成した様々な英語の副教材が使われていた。その中のブルータスの演説を、政治的なコンテキストもよく知らずに憶えたのである。他にパトリック・ヘンリー、リンカーンなどの演説も一部暗唱させられた（残念ながら今では見事に忘れてしまっているが）。

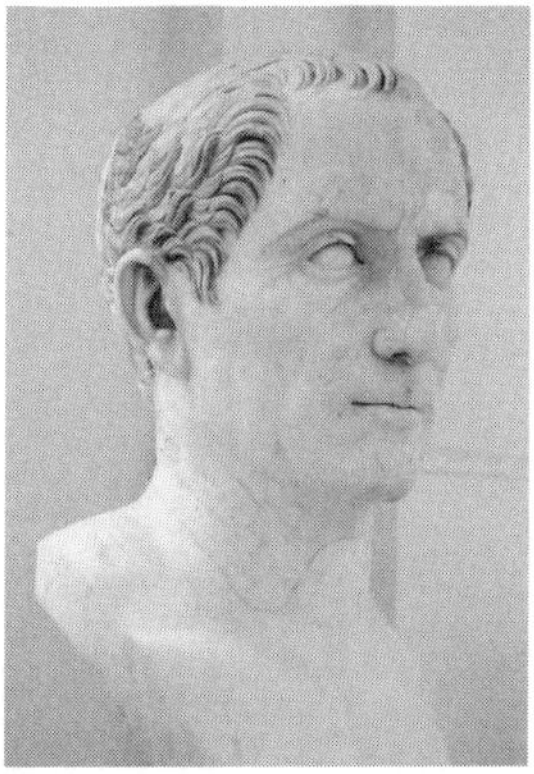

ガイウス・ユリウス・カエサル［シーザー］（紀元前100年 - 紀元前44年）

　シェイクスピアの『ジュリアス・シーザー』は自由と自死の問題を考えるための興味深い視点を与えてくれる。この悲劇では、大カトー以来の自由な共和主義を奉ずるブルータスやキャシアスと、王権を意識する独裁者シーザーと、後にその後継者となるアントニーとの間の「自由と専制の対立」がベースとなっている。しかし同時に、古代ローマ世界の話を借りて、いつの世にも存在する人間と政治に関わる普遍的な難題を二つ投げかけているように思う。ひとつは友情とは何かという問い。いまひとつは民衆の付和雷同というデモクラシーの危うさである。

友情については、「公」と「私」という視点から考えることができる。キケロの『友情について』が問題としているように、「公」の最たるものとしての「法」を犯してでも、愛する友を救うのか、あるいは「私」よりも「公」や公益を優先させて親密であった友を殺すのか、この二つの立場のディレンマに注目する。友情を私的な親密さとして美化する立場と、友情は「公」の徳をそなえた者の間にだけ成り立つ愛情だとする考えの相克である。私的な感情としての友情が極端に走ると、悪事を共に犯すことによって強い絆(?)が生まれる。一方、「公」を優先させれば、友情は公徳を前提としてのみ成立することになる。ただの利益や快楽だけによる人間の結びつきは友情の名に値しない、不安定で、不確かな関係ということになる。

この不安定さはデモクラシーの不安定さにも通じる。民主制では、シーザー暗殺後に議事堂前の広場を埋め尽くした民衆のように、アントニーの巧みな弁論の詐術によって容易に意見を変える人びとが主役となる。高潔の士ブルータスが、親友シーザーを殺さなければならなかった経緯(筆者が昔暗唱させられた演説)を聴いた民衆は、はじめは歓呼の声を上げる。しかし次に現れるアントニーの巧みな弁論にからめとられてブルータスの家に火を放つのも、同じ民衆なのだ。

注目したいのは、暗殺されるシーザーを除くと、このドラマの主要な登場人物のほとんどが（歴史的事実としても）自殺して果てていることだ。シーザー暗殺の首謀者ケイアス・キャシアスは、シーザーをたおしたその同じ剣で、かつて彼が捕虜にした奴隷のピンダラスに自らを刺殺させている。暗殺団の仲間のティティニアスも「神々のお許しを。これこそローマ人の道なのだ。さあ、キャシアスの剣よ、ティティニアスの心臓を知れ」（引用は福田恆存訳）と言いつつ自らの命を絶つ。そしてシーザーの友、高潔の士、ブルータスは、ピリピの戦いで敗色が濃くなると、部下のストレイトーの握る剣に突っ伏して「シーザー、今こそ心を安んずるがいい。おれは、その胸を刺しはしなかったぞ、今ほど明るい心をもって」というセリフと共に果てる。

マルクス・ユニウス・ブルトゥス［ブルータス］（紀元前85年 - 紀元前42年）

ブルータスの妻ポーシャ（小カトーの娘）も、留守の寂しさと、オクテイヴィアスとアントニーらの三頭政治によってブルータスの力が弱まっていくことを悲しみ、「火を噉ん」で自殺している。劇中では、内乱ピリピの戦いに備える天幕の中でのキャシアスとブルータスの口論のあと、ポーシャの死が明らかにされる。
ちなみにブルータスを倒したアントニーも、かつてシーザーの愛人となったクレオパトラと結ばれたものの、アクチウムの海戦（ＢＣ31）でオクテイヴィアスに敗れ、配下の兵に逃走され、「クレオパトラ死亡」の虚報を信じてアレクサンドリアで自殺している。このオクテイヴィアスの勝利によって、ローマ内乱の一世紀が終り地中海世界の統一が実現することになる。

４―『ジュリアス・シーザー』にあらわれた自由

この悲劇の中核をなすテーマは「自由」であろう。まずキャスカがシーザーに最初の一刃を浴びせた後、キャシアスなど数人の暗殺者が次々と襲いかかる。そして最後の「止め」を刺すのがブルータスであった。この場面はシーザーの「ブルータス、お前もか」のセリフと共に有名となった。シェイクスピアの原文では、このセリフだけ、Et tu, Brute とラテン語になっている。いかにもあの「名セリフ」はここだよという感じだ。ただ、プルタルコスは、シーザーは襲いかかる暗殺者たちに大声をあげて抵抗したが、最後のブルータスに対しては何も言わなかった、としているから、この「名セリフ」は友情の問題を意識したシェイクスピアの創作とも考えられる。

筆者は『ジュリアス・シーザー』を劇場で観たことがないが、映画は二つのバージョンで観ている。ひとつがマンキウィッツ監督の１９５３年の作品、もうひとつがスチュアート・バージ監督の1970年のバージョンである。前者ではブルータスがジェームズ・メイソン、マーク・アントニーがマーロン・ブランド。2人とも優れた性格俳優だと思うが、筆者から見るとシェイクスピア役者としての香りは薄い。後者のバージョンは、ブルータスがジェイソン・ロバーズ、アントニーはチャールトン・ヘストンが演じている。これも、原作に極めて忠実なイギリス映画ではあるが、チャールトン・ヘストンのアントニーが「ハリウッド作品」という印象を与えてしまう（その後ヘストンはシェイクスピア『アントニーとクレオパトラ』を監督し（1972）再びアントニー役を演じている）。これらの二つの映画『ジュリアス・シーザー』でも、シーザー最期のセリフはこの部分だけラテン語になっている。

重要なのは、シーザーが「お前もか、ブルータス？　それなら、死ね、シーザー！」と言いつつ倒れたあと、暗殺陰謀の徒の一人、シナが叫ぶ「自由だ！　解放だ！　暴政は滅んだぞ！」という言葉だろう。原文では、「自由だ」は liberty、「解放だ」は freedom となっている。シェイクスピアの時代から、liberty と freedom という二つの言葉は使い分けられている。劇中のクライマックスでのセリフで全くの同義語を並べるという可能性は低いだろう。

なぜこの点に関心を持つのか。社会思想や経済思想を教えていると、「liberty と freedom はどう違うのか」と学生に尋ねられることがある。まずとっさの答えは、freedom はゲルマン系の言葉、liberty はラテン語起源、両者は基本的に同じです、となる。しかしこれでは問いに答えたことにはならない。語源辞典を見ると、freedom の fri- という部分は「拘束されていない、外部からのコントロールに服していない状態」を指す、とある。世帯の長と（奴隷としてではなく）親族上の結びつき（tie）の認められる成員を意味すると記されている（*Oxford Dictionary of English Etymology*）。次章で触れる西洋中世史家の堀米庸三の論考に現れるLandfriedeのFriede（平和）も、このfri-という接頭辞と関係があるのだろう。

対してlibertyは、語源的にはラテン語系のliberから来ているものの、その意味するところは、世帯における本来的に自由な成員を指していた。したがって、libertyは特権（privilege. franchise）を意味する言葉であったという。この場合、自由な、というのは特権を持った、という意味であり、その点は、リベラリズムがイタリアの思想家G・デ・ルジェッロ（『ヨーロッパ自由主義の歴史』）の言う「特権の普遍化」として把握されることとも一致する。ちなみにルジェッロの名著の英訳は、筆者の大学時代の恩師、青山秀夫先生が亡くなられた後、奥様から頂いた筆者にとって大切な本だ。同書は、18世紀ヨーロッパの思想変動を総括し、英国、フランス、ドイツ、イタリアのリベラリズムの進展を解説したあと、そのデモクラシー、社会主義、教会、ナショナリズムとの関係を論じた名著である。特権を持っていた王が、その特権を貴族・地主層・僧侶にも与え、そして民主化の波とともに市民、すなわちブルジョワ階級にもその特権が広がるという動きこそが、リベラリズムの進展であったとする理論が中核をなしている。

したがって、シーザーが倒れた直後にシナが叫ぶ“Liberty! freedom! Tyranny is dead!”を

「自由だ！　解放だ！　暴政は滅んだぞ！」とする福田恆存訳は、まことに的確な名訳と言わざるを得ない。ただ、続くキャシアスのセリフ“Liberty, freedom and enfranchisement!”のenfranchisementは、一般には「特権の付与、参政権の付与」を意味している。したがって、これを単に「万歳」と訳すのにはいささか不満が残る。特権をわれわれにも与えよ、という意味が現れないからだ（といってもちろん筆者に妙案があるわけではないのだが）。

5―共和主義者キケロと独裁者アントニウスの対立

カエサルの死後、ローマの政界がカエサル派と反カエサル派とに分裂していたとき、元老院の集会でキケロは、両派が相互に悪意をいだかぬこと、カエサルの作った法令を死後も順守することなどを決議させる。しかし実際は、カエサルの衣鉢を継ぐアントニウスも独裁者となり、政治を牛耳るようになった。独裁者カエサルの後継者と自他ともに認めるアントニウスが自己本位の独裁的な行動を取るようになったことに対して、口を極めて非難弾劾したのがキケロである。「熱烈な共和主義者」キケロが「自由の敵」アントニウスを弾劾した演説が、一連の『ピリッピカ』演説である。こうした過激な演説を重ねた結果、キケロはアントニウスの部下の手にかかって殺されるのだ。

キケロが自分を弾劾する演説を行ったことを知り、アントニウスはキケロを陰謀家として詰

マルクス・トゥッリウス・キケロ［シセロー］（紀元前106年 - 紀元前43年）

りながら大反撃に出る。それに対するキケロの『ピリッピカ』でのアントニウス弾劾は中傷と誹謗に満ちたものであり、中庸の思索者キケロのイメージを吹き飛ばすほどに激しい。アントニウスの女性問題、金銭問題などを引き合いに出して罵倒するのだ。きわめて感情的で、日本の週刊誌顔負けの迫力である。この『ピリッピカ』を読んで、それまでわたしが勝手に自分で作り上げていたキケロの「野心はあるが、温厚な中庸の人」というイメージがすっかり消え失せてしまった。

他方、シェイクスピアの『ジュリアス・シーザー』に登場する「シセロー」（キケロの英語読み）は影が薄いだけでなく、魅力がない。ブルータスやキャシアスなど同じ共和派の連中から好まれていないだけでなく、尊敬されてもいない。シェイクスピアがいかにプルタルコスをよく読んでいたのかが分かる。キケロの「自慢話好き」と「自画自賛」を人々が嫌っていたことにプルタルコスはふれているのだ。

例えばキケロは、他の連中にはチンプンカンプンのギリシア語をつぶやいて、人を煙にまく。アテナイ、ロドス島に遊学していたから、キケロはギリシア語が得意なのである。今流に言うと、アメリカ帰りがやたらに米語を使いたがるようなものだろうか。シェイクスピアでは、暗殺計画がほぼ整った段階で、「シセローを一味に誘い込むか」という暗殺者たちのやり取りが出てくる。シセローが「同志として恃むにたる男」であり、頭脳も極めて明晰、彼が加われば大衆の信頼も得やすいことには皆同意する。しかしブルータスは「いや、あれはいけない。あの男には黙っていたほうがいい。なんにせよ、人の手をつけたことについてくる男ではないからな」と言い、結局彼は謀議からはずされるのだ。

6—自殺を倫理的にはどう考えたのか

『ジュリアス・シーザー』の最終部分で、戦場の幕屋の中でブルータスとキャシアスが激しい口論を行う場面がある。ブルータスの妻ポーシャはすでに自殺している。それを知らないキャシアスの「言いがかり」に、はじめのうちはブルータスも冷静に対応していたが、次第に両者が激して行くさまが巧みな言葉のやり取りの積み重ねによって描き出される。

注目すべきは、ピリピでアントニーとブルータスが会見したあと、アントニーとオクタヴィアスが部隊を率いて引き揚げた後のブルータスの次のセリフだ。これはシェイクスピアの時代の「自殺観」をかなり明確に反映しているのではなかろうか。

「かつておれはケイトーの死を非難した、みずから命を絶ったからだ、その考えは少しも変らぬ、理由はともかく、そんなことは卑劣極るやり方だ、つまりは身に降りかかるかもしれぬ災厄が恐しい。それで先手を打ってみずから寿命を絶つだけのこと。おれなら忍耐に身を固め、人の上にあって人をすべる何ものかの摂理を待つのみだ」

つまり、自殺は、臆病者のなせる業であり、天の摂理にも反するというのだ。それに対して、キャシアスは「それなら、この一戦に敗れたときは、きみは甘んじて捕虜となり、ローマの街々を引きまわされるつもりなのだな?」と問う。ブルータスは「いやしくもこのブルータスが、縄目の恥を受けてローマに引かれて行くなどと」と応えて、キャシアスへの別れを告げる。実際は、すでに述べたように、ブルータスは敗色の濃くなったピリピの戦場で部下ストレイトーの助けを借りて自害し果てる。ここには「高貴な死」としての自殺と「臆病な死」としての自殺の違いが明白に語られているのだ。

ブルータスがその死を批判したケイトー(小カトー、Marcus Porcius Cato Uticensis、BC95-BC46)は、自殺した妻ポーシャの父である。シーザーと対立した政治家にしてストア主義者、そして曾祖父はあの大カトーである。カトーは金銭に清廉潔白で、人格の高潔さにおいても、頑固さにおいても、抜きんでた政治家であったとプルタルコス『対比列伝』に記されている。特にシーザーの専制の下に生きることを拒んだカトーの最期の凄惨さはプルタルコスに詳しい。ウティカでの彼の死を知ったシーザーは、「おお、カトーよ。君が死んだのは惜しい。君は、私によって自分の命が助けられるのを惜しんだのだから」と言ったという(ちくま学芸文庫『プルタルコス英雄伝』(下)所収、長谷川博隆訳「カエサル」246頁)。

いずれにしても、シェイクスピアの造形したブルータスの「自殺観」には、「自分で作ったものを壊すことはできる。しかし人間自身は神に造られたものであるから、人間が人間を破壊するのは善くない」というキリスト教的な論理は見られない。王権神授説に敢然と抵抗したあのジョン・ロックも『市民政府論』第2章第6節において「自然状態について」次のように述べている。「しかしながら、これは自由の状態ではあるけれども、放縦の状態（a state of licence）ではない。たとえ人はこの状態において、自分の一身と財産とを処分する完全な自由を有するとはいえ、しかも彼は自分自身を、またはその所持する被造物をさえこれを破壊する自由はもたない」。神が創造したものを人間が破壊することは許されないとしているのだ。

こうした道徳観には、自殺は残された人を不幸にするということへの思いには特に触れられていない。さらに問題は複雑だ。人のために命を投げ出すのは、自らの意思で命を絶つという点では自殺行為であるのに、「自己犠牲」という点で尊い行為とされるのはなぜか。聖書の中には、「友のために自分の命を捨てること、これ以上に大きな愛はない」（ヨハネ福音書：15-13）とある。現実にも、他者のために自殺するという風習はある。食糧難に苦しむ共同体で、老齢者が若い世代に食糧を残すために自らの命を絶つという例もある。自殺が罪とみなされるか否かは、その目的によるのだろうか。しかし目的の正邪の判定は一筋縄ではいかないことが多い。

7―ヒュームの自殺論

先に引用したアダム・スミスの自殺についての議論には、学説史的な解説はあるが、スミス自身の立場は特に明らかにはされていない。そのスミスと強い相互信頼で結ばれていたD・ヒュームは、「自殺」の問題に関してはっきりとした見解を持っていた。ヒュームは「自殺が罪である」という教会の見解に対して徹底的な反論を加えているのだ。『自殺について（Of Suicide)』はヒュームの死の翌年（1777）公刊されたものの、直ちに発売禁止になり、しばらく多くの人が眼にすることはできなかった。

「自殺について」と「魂の不死性について」の二論考が「自殺及び魂の不死性に関する試論、故デイヴィッド・ヒューム氏の遺稿とされている未公刊論文」として、ヒュームの名で公にされたのは、1783年のことであった（福鎌忠恕・斎藤繁雄訳、法政大学出版局『奇蹟論・迷信論・自殺論』の訳者解説）。この論考が本国で、「まるで詐欺ででもあるかのようにこっそりと忍び歩きを余儀なくさせられた挙句、遂に外国において庇護をうける」にいたり、その保存されている最も古い版がバーゼルでのドイツ語訳であるというのは、英国民にとって「大いなる恥辱であろう」と哲学者ショウペンハウエルは怒りを込めて書いている（以下、ショウペンハウエル『自殺について』斎藤信治訳、岩波文庫）。

ヒュームの「自殺論」に共感したショウペンハウエルは、自殺が不正（unrecht）であり、「罪」であると考えられてきた一神教の世界の中から英国の場合に注目し、次のような比較を行う。

英国では「自殺者の埋葬は恥ずかしめられその遺産は没収されることになっている、――そこで陪審裁判所は殆ど大抵の場合精神錯乱の判決をくだすのである」と記して、自殺に対する是非の判断は、まず倫理的感情について考察されるべきであるとし、次のような異議を唱えるのである。例えば知人が殺人や暴行などの犯罪を犯したという知らせを受けた場合と、知人が自発的な死を遂げたという報道に接した場合とを比べてみる。前者に対しては憤慨を覚え処罰の念に駆られるであろう。しかし後者の場合に感じるのは、哀愁と同情の念であり、そこには倫理的な否認ではなく、嘆賞の念が入り混じっているはずだと言うのだ。

デイヴィッド・ヒューム
(1711年 - 1776年)

こうした比較からショウペンハウエルは、僧侶どもが一体いかなる権能によって自殺に犯罪の刻印を押したり、自殺者の名誉ある埋葬を拒んだりするのか弁明すべきであると抗議する。そして古代からの「自殺観」のひとつとして、プリニウスに言及し、プリニウスの「生命というものは、どんな犠牲を払ってもこれを延ばしたいというほどまでに、愛著せらるべきものではあるまい」、「自然が人間に与えてくれたあらゆる賜物のなかで、時宜をえた死ということにまさる何物もないのだ」、「特に最上のことは、誰もが自分自身で死の時を選ぶことができるということなのだ」という『博物誌』（第28巻、第1章）の記述を引用するのである。

確かにショウペンハウエルの指摘するように、自殺を「罪」だとみなしたのは一神教の世界だった。スミスも触れているヒンドゥー社会（特に東インド）の風習のひとつであったサティ（Sati）は、かつては、夫が死ねばその火葬用の積み薪で、残された妻も焼身自殺を遂げなければならないとされていた。この風習が近代に入り非合法とされたのは、英国の植民地支配の影響によるものであった。

但しこの点に関して、ショウペンハウエルが自殺に反対すべき唯一の適切な倫理的根拠を示していることを見逃してはならない。それは、「自殺はこの悲哀の世界からの真実の救済の代りに、単なる仮象的な救済を差出すことによって、最高の倫理的目標への到達に反抗することになるものである」ということだ。

8―スミスは「ウェルテル効果」を知っていたか

冒頭に紹介した『道徳感情論』で、アダム・スミスは自殺がある種の流行となる点にも言及している。「流行を追うことに滅多に遅れを取らない婦人達さえも、このような風にしてしばしばもっとも不必要に自ら死を選んだように思われる」と女性のケースについてふれている。

　筆者はこの箇所を読んだとき、ひとつの興味深い問題が頭をよぎった。それは1770年代のヨーロッパで、文豪ゲーテのベストセラー小説が引き起こした、のちに「ウェルテル効果」と呼ばれる現象である。

　ゲーテの『若きウェルテルの悩み』の粗筋はだいたい次のようなものである。主人公ウェルテルは老法官の娘、シャルロッテに恋をするが、彼女には婚約者がいる。そのシャルロッテが自分を憎からず思っていることに望みをかけていたものの、シャルロッテは予定通りその婚約者と結婚する。ウェルテルはならぬ恋に苦しむが、旧知の作男が実らぬ恋に絶望して愛する人を殺した事件をきっかけとして、自らも命を絶つ。

ヨハン・ヴォルフガング・フォン・ゲーテ作『若きウェルテルの悩み』初版本（1774年）

　1774年にこの作品が刊行されるや否や、たちまち大評判となり、英・仏・伊に翻訳され、ヨーロッパの読書界でも多くの読者を得た。ところがウェルテルを真似て自殺するものが多数現れ、ライプチッヒだけではなく、翻訳版が売れたイタリアでも自殺者が出て『ウェルテル』は発禁となってしまった。その後200年ほどたった1970年代、社会心理学者がこの模倣自殺（copycat suicide）を定義して、「ウェルテル効果」という言葉を作りだしている。

1774年と言えば、スミスが『道徳感情論』の初版を1759年に出版した後、何度も推敲を重ねていた時期である。第2版を出したのが1761年、「言語起源論」を追加した第3版が1767年、第4版が1774年、第5版が1781年、最後の第6版はスミスが亡くなる少し前、1790年に出版されている。注目したいのは、やや長めの「自殺論」を含む論考が最終第6版に初めて挿入されている点である。わたしの推理は、少なくともこの「流行現象」としての自殺に関しては、「ウェルテル効果」がスミスの関心をひいたがゆえに『道徳感情論』第6版に挿入されたのではないかということだ。ゲーテの『ウェルテル』が広くヨーロッパで読まれ、ある種の社会現象を巻き起こしたと言われているから、スコットランド人のスミスがゲーテの『ウェルテル』を読んでいてもおかしくはない（アダム・スミス所蔵本のカタログを調べたかぎり、ゲーテは見つからないのだが）。

当時のヨーロッパでは知識人社会はある意味で現代よりもグローバル化していた。どこの国の誰が何を書いたか、何を研究しているのかという情報は意外なほど国際的に共有されていたのだ。研究者・著作家の数の少なさもあって同業者同士の交流がかなり密であったためである。パリでルソーに会ったヒュームは、肝胆相照らす仲となり、ルソーとともに英国に戻るがやがて大ゲンカをする、アダム・スミスはフランスでケネーやチュルゴーと会ってフランスについての情報を集め、ロンドンでベンジャミン・フランクリンと会見してアメリカの独立について意見交換をする、というのが18世紀の知識人の交流状況なのである。

現代では印刷・出版業が盛んになり雑誌や学術誌が数多く公刊されているが、意外に誰が何処で何を探求しているのかという情報は共有されていない。書いた人と編集者しか読まない原稿が山ほどある。それに比して18世紀の知識人社会は、優れた数少ない人々に限られてはいるものの、相互交流は想像以上にグローバル化して密であったと見ることができる。

ともあれ先進国のメディアが、死因に関して「自殺」という言葉を表だって使うことを避けがちなのは、「ウェルテル効果」を警戒するからではなく、そこに倫理的判断をめぐる一定の留保と「暗黙の合意」があるからだろう。「自由意思による死」を、社会は一律に断罪してはならないと考えるだけでなく、自殺が「自由意思による死」ではない、「心の病による死」、つまり「病死」だとみなせるケースもあると理解されるようになったからだ。「自ら自分の命を終焉させる」という行為は、「自由意思による選択」であるから倫理的な問題だ、とは必ずしも言えなくなってきたのだ。人間精神の謎が次第に明らかにされるにつれて、「自由意思」そのものの意味が改めて問われるようになり、自殺を精神医学の知識なしに純然たる倫理の問題として扱うことができなくなったと考えるべきであろう。

第4章 信仰と自由、宗教と政治

個人の信仰生活と国家はどのような関係にあるのが望ましいのか。政治と宗教は、時代と国を問わず、対立と妥協を強いられることがあった。神権政治が支配している国もあれば、政教分離を国是とする国もある。だが「政」と「教」が分離できても、両者の価値が衝突した場合、誰が最終的な裁定者となるのか。この難問の歴史をいくつか振り返ってみたい。

ベノッツォ・ゴッツォリ作「聖トマス・アクィナスの勝利」。トマスは『神学大全』で知られるスコラ学の代表的神学者。

1 ─ 皇帝のものは皇帝に

筆者はカトリック修道会（本部はカナダ・モントリオール市）が経営する京都の中学・高校に通った。そこでは毎週一コマの「宗教」の授業があり、例えばマタイの福音書を生徒が朗読し、イエスの言葉と行動、「たとえ話」について、神父と質疑応答するというのがその中味であった。質問は、先生からなされることもあれば、われわれ生徒のほうから意地の悪い奇問・珍問を投げかけることもあった。

この授業がマタイ福音書を通読する最初の機会となった。小学生のころ長姉に連れられて行った京都山科のカトリック教会の日曜ミサで、福音書の朗読を聴くことはあったが、最後まで読み通した福音書はこの「宗教」の時間に読んだマタイ伝が初めてであった。大学時代に読んだルカやヨハネの福音書の不可解なたとえ話（例えば「不正にまみれた富で友達を作りなさい」（ルカ：16‐1〜18、以下聖書の引用は「新共同訳」））などにくらべれば、マタイ福音書でイエスが語るたとえ話は高校生なりに理解できるものが多かった。ただ、言葉で示されている何かを、こちらが進んで汲み取ろうとしなかったせいか、「遠い国の古い本を読んでいる」という感覚が残ったことを思い出す。

イエスの「金持ちが神の国に入るよりも、らくだが針の穴を通る方がまだ易しい」（マタイ：

19-24）という言葉は知る人も多い。「お金」と「神様」の両方に仕えることはできないという意味は、実感は別にして、高校生にも理解可能だ。しかし福音書にはピンとこない言葉も少なくなかった。例えば現実の政治や政治家と神様の関係について語ったとみられる言葉は、政治家を単に市民道徳の視点だけから見ていた高校生には馴染めるものではなかった。イエスの「皇帝のものは皇帝に、神のものは神に返しなさい」（マタイ：22-21）という言葉もそのひとつだ。

話は次のように展開する。律法による「義」を主張するファリサイ人がイエスを言葉の罠にかけようとして、自分たちの弟子と、パレスティナとその隣接地域を治めていたヘロデ朝の人たちをイエスのもとに遣わして、「皇帝に税金を納めるのは、律法に適っているでしょうか、適っていないでしょうか」と問いかける。するとイエスは彼らの悪意を知って言う、「偽善者たち、なぜ、わたしを試そうとするのか。税金に納めるお金を見せなさい」。彼らがデナリオン銀貨を持って来ると、イエスは、「これは、だれの肖像と銘か」と尋ねる。彼らが「皇帝のものです」と言うと、イエスは「では、皇帝のものは皇帝に、神のものは神に返しなさい」と答える。彼らはこれを聞いて驚き、イエスをその場に残して立ち去った（マタイ：22-15〜22）。

この言葉は、単に宗教的権威と政治権力は別物だという意味での「政教分離」の宣言ではない。イエスは、当時のユダヤ社会をがんじがらめに縛りつけていた古い律法だけでは「善き社会」は生まれないとして、新しい二つのおきて、すなわち「心を尽くし、精神を尽くし、思いを尽くして、あなたの神である主を愛しなさい」と「隣人を自分のように愛しなさい」（マタイ：22・37・39）を導入した革命家である。したがって（ユダヤ社会の古い形式主義の律法であれ、政治権力が作りだした法であれ）イエスはこの世のいかなる法よりもこの二つの新しいおきてが優先すると考えていたはずだからだ。

後に紹介する近代デモクラシーの下での「政教分離」は、教会と国家権力を分離するということに止まるものではない。国家権力の教会に対する優越性にまで踏み込んだ制度であり、最終的には教会ではなく、国家が「この世の事柄」の最終的な支配権を持つとされる。キリスト教の「信仰」と「教会」を政治から分離して考えるという仕組みがフランス革命後の19世紀を通して、紆余曲折はあるものの次第に定着し、人間の内面の信仰問題は別にして、誕生から死に至るまでの社会生活の領域については主権を持つ国家が関与する、というかたちで政治機構が整えられたのである。

この変化の道程は19世紀の１００年間だけに限られたものではなかった。西欧の中世以降の激しい宗教戦争を経た後、国民国家成立までのまことに長い歴史の中で準備されてきた制度なのだ。西欧中世社会で、教会（教権）と国家（帝権）の対立関係が最もはっきり表面化したのは、11世紀後半から12世紀にかけて高位聖職者の任命権をめぐってローマ教皇と神聖ローマ帝国皇帝との間で争われた「叙任権闘争」（Investiturstreit）であった。

2―自由とそれを護る力は不可分

西洋中世史家、堀米庸三の『正統と異端――ヨーロッパ精神の底流』（中公新書、1964年）は、亡くなった長姉に薦められて大学院時代に読んだ思い出の書である。以来、堀米庸三はわたしが最も尊敬する歴史家のひとりとなった。数年前に山形を旅した折、河北町（天童市の北西）にある旧堀米家（紅花商として財をなした名家）の大きなお屋敷に「お参り」に行ったりもした。西欧中世社会の複雑さと奥深さを明快に教えてくれたのが堀米庸三の著作であり、西欧中世の政治や思想を学ぶ上でも彼の諸作品はわたしにとって導きの書となった。

堀米は62歳の若さで亡くなった。彼の遺した専門論文をお弟子さんたちが編集した『ヨーロッパ中世世界の構造』（岩波書店、1976年）は、緻密な論理構成を持ち、しかも門外漢を遠ざけない分かりやすさが魅力の論文集である。専門用語で読む者を煙に巻くということが皆無なのだ。その論集に収められた論考、「自由と保護――ラントフリーデ研究の一序論――」を読んで、古代ゲルマンにおいても中世においても、自由という言葉には、「保護されている」ということが含意されているのをはじめて知って興味を覚えた記憶がある。つまり「自由」という言葉には、今日のそれとは全く異なる、「保護権（主）への依存関係」が含まれているというのだ。この指摘には目からウロコが落ちる思いがした。自由が単なる「無拘束や放縦」ではないことは理解していたが、「自由とはただ護られてのみ存在する価値であり、自由とそれを護る力は不可分の関係にある」というくだりを、かすかな興奮を覚えつつ読んだ。自由と保護の両立は中世までの社会に限定されるものなのかという問題は、自由について考える際の思考の枠組みを拡げてくれるように思う。もちろん、近代における自由の擁護者はわれわれ自身であるから、自由と保護が相互に溶け合っているというこの中世的な関係そのものが現代でも成立しているわけではない。しかし自由と保護という一見対立し合っている概念が実は相互に融合しているという指摘は新鮮であった。

こうした問題意識から出発して、堀米の論考「自由と保護——ラントフリーデ研究の一序論——」は、「神の平和」の政治的意義に着目した君侯のラントフリーデ（Landfriede——治安立法）運動の諸研究を再検討している。堀米の仮説のなかには、神の平和を自発的に求める中で、その務めを果たすべき最高の地位にある君侯の権威でつくりだされた半強制的平和団体が、中世国家の中から平和団体として近代国家へと発展して行くというイメージがあるのだ。

ではその中世西欧とは、いかなる形成過程をたどったのであろうか。中世は、古代地中海世界が西欧社会（そしてビザンツ世界）へと生成・発展し変貌をとげた時代であり、近代の国民国家成立にいたるまでのヨーロッパをキリスト教会の霊的権威が統合する「キリスト教共同体（respublica christiana）」の時代と表現できよう。その中世で支配的であった思想風土は、ユダヤ的神政を基礎とする『聖書』、古代ローマからの遺産であるローマ法、そしてギリシア都市国家の寡頭制と民主制に基礎をおくアリストテレスの『政治学』の三つを、その主柱として形成されていた。

こうした系統的な流れが示すように、中世ヨーロッパ社会は、とくに10世紀以降、ローマ法王と神聖ローマ帝国皇帝という2大権力を定点とする「楕円的統一体」をなし、そのいずれも他方を圧倒しつくすことのできない宗教と政治の緊張関係の上に成り立っていた。一つの社会が「帝国」であり同時に「教会」であるという構造は、一方では中世ヨーロッパが古代ローマ帝国の歴史的継承であるとされたことに起因し、他方では中世社会がラテン語という共通語で同じミサを歌う「見ゆる教会」であるとされたことによる。この緊張関係はキリスト教が自己の優越性を誇る一神教であったことと関わっている。

この世での最終的な権威は誰が握っているのか。中世の人々には、その答えの中に「権威と服従」の問題が単なる政治問題ではなく宗教的な争点として含まれることが強く認識されていた。「宗教的」という言葉を持ち出さないとすれば、「政治的価値」と「倫理的価値」の相克と単純化することができる（ダントレーヴ『政治思想への中世の貢献』友岡敏明・柴田平三郎訳、未来社、1979年）。

皇帝が教会の事柄に介入し、規制し、優位に立つことは皇帝教皇主義（caesaropapism―「シーザー」（皇帝）が教皇の座につく」という意味の語）と呼ばれ、教権と張り合う国家の統治者が、さまざまな形で教会関係の事柄に介入し、おもに教義問題について干渉することは、神聖ローマ帝国の成立以前からさまざまな摩擦を起こした。

この教権と帝権の二つを定点とする楕円構造の緊張関係は、先に述べた通り叙任権闘争として11世紀に表面化する。教皇グレゴリウス7世は、教会に干渉し続ける皇帝ハインリッヒ4世を破門、カノッサ事件（1077年）を経て、信仰に関わる事柄は教会の専決事項であり、皇帝はそこに関与はできないと宣言する。その結果、皇帝は、司教叙任に際して指輪と司教杖を授与する権限を放棄するのである（1122年のヴォルムス協約）。「最終的には一つの権威によって解釈される単一普遍社会」の概念は、皇帝を世俗の世界に追いやり、教会がもはや世俗の政治権力には服さないことを明らかにした点で、政治と宗教の分離への重要な布石となった。皇帝の政治は世俗化の色合いを強め、政治を宗教から独立したひとつの固有の領域として確立させることになるのだ。「叙任権闘争」は、主権を持つ「国民国家」誕生への伏線となった点でも歴史的意味を持つ「闘争」であったと言えよう。

3―国家による統治は悪ではない、自然なものだ

では世俗社会を人間が統治することの必要性は何処から生まれるのか。「統治」が人間にとって不可欠の社会的要請であるとみなすのか、そこにどのような選択の余地が残されていると考えるのかをめぐって、西欧社会では古くから議論されてきた。この問題をアリストテレスの

政治哲学を取り込みつつ深めたのは、スコラの「天使的博士（Doctor Angelicus）」と呼ばれたトマス・アクィナスである。

人間が生まれつき社会的な群生動物だとすれば、トマスの言うように、その集団を舵取る「統治」は不可欠であり、そこに選択の余地はない。選択の余地がないとすれば、統治を肯定するか否定するかは倫理上の問題ではなくなる。自然法則に従って落下する小石には、自由な選択が許されないがゆえに、倫理問題が存在しないのと同じである。倫理は自由意思による選択を想定してはじめて、人間に立ち現われる価値選択の問題となるのだ。したがって「統治」は、道徳的に中立であり、人間社会にとっての「悲しい必要」（G・ケナン）と言うほかない。「政治は汚い、政治とは関わりたくない」という言葉を耳にするが、そう言う人は自分だけが清く正しければよいという利己的な偽善者であろう。確かに政治家には「不道徳な人」はいる。しかし政治は不道徳ではない。道徳的に中立なのだ。それにどの職業にも立派な人と不道徳な人はいるものだ。

トマスは、政治的権威は宗教的な信仰から独立した、それ自身の価値を持つものだと『神学大全』のなかで論じている。彼は、人間の社会性を自然的事実とみなしているため、社会が単に人間の利己心の産物として契約によって成立したとは考えない。「神の恩寵は自然を破壊せず、これを完成する」という人間本性の率直な容認は、トマスの社会思想を先人の社会組織（国家）の罪悪起源説（例えばアウグスティヌス）のそれから区別する。「人間は（罪に堕する以前の）無垢の状態にあっても社会生活を営んだ」ということを認めるのである（Thomas Aquinas, Summa Theologiae, II. II. 187. A. 3)。

社会が人間にとって自然的であれば、国家による統治（gubernatio, steering、舵取り）もまた自然なものとみなされる。一方、教会は超自然的目的を有する組織で、人間の超自然的生にかかわる事柄に関しては、国家は教会に従属するとトマスは考える。ただし、「国家」によって満たされる人間のこの世の目的と、「教会」によって満たされる超自然的目的という二分法はとらない。あくまで人間はひとつの超自然的目的のみをもっており、地上的な事柄はこの目的達成を容易にするために国家―君主によってなされる仕事であると捉えるのだ。

このように国家と教会に関するトマスの政治理論は、国民国家の意識が芽生えてきてはいるが、まだ教会の権威が国家をして絶対的に自律的な団体とすることを認めない時代の思想と言える。トマスは、世俗の政治権力と霊的権力の関係について系統だった説明を与えているわけではない。ただ、『君主統治論』（第1巻第14章）で、人間はその社会生活において二元的な指導を必要としており、「人間的統治」だけでは不十分であり、「神的統治」への統合を必要としていると指摘する。これは現代風に言い換えれば、「理想を抱きながら、現実政治の解を求めよ」ということであり、現実に「理念が人を動かす」というトマスの信仰を表しているとわたしは解釈している。

4―ナポレオンから「政教分離法」へ

近代にいたるまでの教会と国家の関係の歴史を解説することは、もちろん筆者の力の及ぶところではない。ただこの問題が、フランスの近代史の中で大きな位置を占めることを、おぼろげではあるが早い時期に知った。中学三年か、高校一年のとき、国語の宿題の読書感想文を書くため、スタンダールの『赤と黒』を読んだことがあった。中高一貫教育の学校であったために正確にどの学年であったかは思い出せない。姉の影響があったことは間違いない。いずれにしても少年が感想文に選ぶような本ではないものの、背伸びや知ったかぶりで一杯の年頃であったのだろう。吸い込まれるように読み終えたことを憶えている。

この小説の政治的・歴史的意味を当時筆者が理解していたわけではない。王政復古後のフランスの上流階級の欺瞞を嗅ぎ分けつつ行動する野心的な青年、ジュリアン・ソレルの心理を理解していたわけでもない。恋愛の三角関係が殺人をも招くことを面白がって読んだだけである。この小説の政治的な意味、「7月革命予言の書」と言われる理由を漠然と理解したのは大学時代に場末の名画座でジェラール・フィリップがジュリアン、ダニエル・ダリューがレナール夫人を演じた映画『赤と黒』（オータン＝ララ監督）を観た時であった。原作ではそれほどわかりやすく書かれているわけではない司教と国王の関係が、映画では実に鮮やかに描かれているのだ。

舞台は、ナポレオンが失脚し、ふたたび教会権力が旧に復した1820年代のフランスの小さな町、ヴェリエールである。印象に残る場面のひとつを挙げよう。ヴェリエールの町に国王の臨幸がある。主人公のジュリアン・ソレルは司祭職をめざしているが、愛人となったレナール町長夫人の計らいで真っ赤な軍服をまとった儀礼兵となる機会を得る。このことをシェラン司祭に叱責され、黒の僧服に着替え、教会の式典に加わる。このとき教会で眼にした光景が彼の人生を変えるのだ。教会が国王陛下の行列を迎え、国王が司教に向かって進み、恭順の意を表すために頭を深く垂れ、司教の指輪に接吻したあと、祈禱椅子に戻って祈るという場面だ。この国王と司教の権力関係を目の当たりにしたジュリアンは、「あの国王を見ろ、彼はつまらぬ端役に過ぎない、主役は司教だ」と喝破し、国王を貶していたシェラン師は、自分を正しい方向へと引き戻してくれたのだと気づく。その「正しい道」とは、ブザンソンの神学校を出て、紫金の衣に身を包む司教の座に就くことだ、と再確認するのだ。

映画「赤と黒」（1954年）

意味も分からず面白いと思い、強く記憶に残るということもあるのだ。意味の解読は常に遅れてやってくるのだろう。いずれにしても、『赤と黒』は、ナポレオンという偉大な戦略家、ジュリアン・ソレルという人物を造形したスタンダールの独創性、そしてその独創性を浮き上がらせた1820年、30年代という時代背景が産み落とした傑作といえよう。

ではそのナポレオンは何を目論んだのか。フランス革命で、国民議会は、カトリック教会の財産を没収し、聖職者を教会法ではなく市民法(「聖職者に関する民事基本法」)で規制される職業として位置付け、教会を国家機構の一部局として組み込んだ。ナポレオンが1801年7月に教皇ピウス7世と結んだ「政教条約」(コンコルダート)は、革命によって険悪になった教会との関係を改善するだけではなく、皇帝にローマ法王庁をも制御できる特別の力を与えた。このコンコルダートがその後のヨーロッパ社会の諸制度に大きな影響を与えることになる。

ナポレオンのコンコルダートの場合、「カトリックは大多数のフランス人の宗教である」と宣言しているものの、公式の「国教」とはせず、ユダヤ教をはじめ、プロテスタントにも信仰の自由を認めている。つまり複数の宗教の存在を法的に許容しているのである。そして教皇は司教を免職する権限を持つものの、政府が司教候補者をノミネートするため、「政権」は「教権」より優位に立つ。なかなか狡知に長けた政策である。さらにコンコルダートは、国家が聖職者の給与を支払い、聖職者は国家に忠誠の誓いを立てる等の内容を含んでいる。重要なポイントは、カトリック教会は国家に対して、革命期に没収された教会財産の返還請求を断念するというところにあった。ナポレオンは信仰の自由を認めつつ、宗教活動を政府の管理下に置くという「実」を取ったのである。コンコルダートは、1905年の「政教分離法」で（アルザス＝ロレーヌ地域を除き）廃止される。その後のカトリック教会と修道会（congrégation）の経済状況、社会的・政治的な立場の弱体化は歴史の示す通りである。

この点に関する優れた解説書として、工藤庸子『宗教vs.国家　フランス〈政教分離〉と市民の誕生』（講談社現代新書、2007年）がある。同書は筆者のある疑念を晴らしてくれた。そのひとつは、第三共和政下でなぜ修道会が活動拠点や本部組織をフランスからフランス国外に移すことになったのかという問題である。同書によると、19世紀最後の20年間のフランス国内の「反教権主義」の影響で、修道会は多く海外に進出しているが、特に海外活動をする者に兵役を免除する法律（1889年）も影響したことが指摘されている。

本章の冒頭にふれた、筆者が通った中学・高校を経営していた聖ヴィアトール修道会の場合を例にとろう。同修道会は、フランス、リヨンでルイ・ケルブ神父（Louis Querbes）によって1831年に創設されている。しかしフランス第三共和政の頃から徐々にその活動地域を国外に移し、かなりの数の修道士からなる組織を北米に持つようになった。フランス語が通用するカナダのケベックは進出先としては好環境であったに違いない。

最大の転換点は1902年6月、エミール・コンブが首相となった時点で訪れる。第三共和政のフランス政府は反教権主義をさらに徹底して、国内の修道院経営の学校約1万2000校を閉鎖するという挙に出るのだ（半田元夫・今野國雄『キリスト教史Ⅱ』山川出版社、1977年）。

グランド・シャルトルーズ修道院。厳しい戒律で知られるカルトジオ会の修道士が暮らす。

この動きの中で、直ちにヴィアトール会も「教える権利」を奪われ、修道院や初等・中等教育機関と他の福祉施設の資産を没収され、閉鎖に追い込まれる。修道士をはじめ、そこで働く人々はすべて離散を余儀なくされたのである。

ちなみに2005年に製作され、2014年に日本でも上映が実現した映画『大いなる沈黙へ』は、フランス・アルプスのイゼール県にあるグランド・シャルトルーズ修道院を撮影した作品だ。この修道院でも、1903年、警官隊とカトリック活動家がもみ合う中、修道士たちが強制排除されている。前掲の工藤氏の本にもその折の写真が掲載されている（180頁）。

こうした反教権主義の流れの中で、一部の修道士たちが居場所を見つけ、活動を継続しようとしたのが、ベルギー、スペイン、米国、カナダなどであった。ヴィアトール会の活動は、リヨンではなくカナダが本部となるほどの力をフランス国外で得、そこから、戦前は満州へ（四平街の暁東中学校）、そして戦後は日本へ中学・高等学校の教育ミッションが派遣されたのである。

マリア会が経営する大阪の明星高校教諭であった畏友相宗靖治君の話では、マリア会も、設立当初本部はフランスにあったが、第三共和政期の「非宗教的フランス」を避けるために、1903年、一時的にベルギーのニウェールに避難し、結局第二次大戦が終わってはじめて、念願のローマへとその本部機能を移したという（『日本マリア会学校教育綱領』）。

以上のようなカトリック修道会の動きの背景として、当時のフランス政府が国外の植民地経営のために十分なリソースを割けなかったため、植民地での教育活動を修道会に依存せざるを得なかった事情もあったと言われる。

5—ドイツの場合

プロテスタント教会が国家主権と宗教の関係をどう位置づけていたのかについては、筆者はさらに不勉強で、不分明な点が多い。現在のドイツの状況にふれる前に、宗教改革運動の最中に見られるいくつかの史実を断片的に指摘するに止める。断片的たらざるを得ないのは、ルターを教会史の中でどう位置づけるのかについて筆者自身わからないところが多いからだ。ルターとザクセン選帝侯との政治的な関係、トーマス・ミュンツァーの指導する当時の農民暴動との関係、教皇庁とハプスブルク家の対抗関係など、様々な要素が絡まっているようだ。

「キリスト者はすべてのものの上に立つ自由な君主であり、何人にも従属しない」、「キリスト者はすべての者に奉仕する僕であって、何人にも従属する」という一見矛盾する二つの命題を論じた『キリスト者の自由』（1520年）は、ルターがローマ教会から破門される少し前に書かれた。これを読んでも、彼がなぜ異端者とみなされたのかは分りにくい。背景にかなり政治的要素があったことがうかがえる。

1521年、ローマ教皇レオ10世から破門されたルターは、ウォルムスの帝国議会に召喚される前にザクセン選帝侯フリードリヒ3世の庇護を受けヴァルトブルク城に身を隠す。筆者は15年ほど前、「バッハ詣で」のためアイゼナハを旅した折、ヴァルトブルク城を見学することができた。この城の粗末な小部屋で彼が新約聖書のドイツ語訳に10か月間ほど取り組んだのかと思うと、ルターが500年の時を越えて身近に感じられたことを思い出す。

1521年5月25日に発布されたウォルムス勅令は、ルターをドイツ国内において法律の保護の外に置くこと、ルターの著作の所持を禁ずるというものであるが、注目すべき点は、この勅令が神聖ローマ帝国皇帝カール5世の名によって出されていることだ。

さらにルターは農民戦争を通して、教会と信徒には何らかの外的規制が必要であるとし、領主の管理する領邦教会（Landeskirche）という教会のあり方を模索するようになったと言われる。この領邦教会は後の国家教会と重なる（フランス革命以後のドイツの教会の「世俗化」については、桜井健吾「近代ドイツ・カトリック運動の出発点としての1803年の世俗化」（『南山経済研究』第28巻・第3号、2014年3月）が参考になった）。

ドイツにおける教会と国家の強い結びつきの痕跡は、現代でも残っている。筆者は1990

年代の初め、3年ほど、ドイツ人の女医さんからドイツ語会話を習ったことがあった。ドイツ語会話の上達はいまひとつだったが、ドイツの社会事情を学ぶよい機会になった。ドイツのサラリーマンの給与明細書の内容を説明してもらったとき、ドイツでは教会税（Kirchensteuer）が国の法律によって給与から差し引かれていることを知った。教会が国家の一機関となっていると言えよう。あるいは、国家が教会の徴税機能を代行しているとも考えられる。ちなみに近年の報道にあるように、この教会税の廃止の動きが政治問題となっているようだ。

もうひとつ、こういう例がある。1997年と1999年、マールブルク大学で教えた時のことである。マールブルクはプロテスタント系の大学としてはドイツで最も古い。この大学町は、高台にある城（Schloss）でプロテスタント各派の大同団結のためルター派とツヴィングリ派が会談し（1529年10月）、「聖餐」についての考えの相違から決裂する歴史的な場所でもある。

マルティン・ルター
（1483年 - 1546年）

大学での授業の後、学生たちと食事や酒を楽しむことがあり、ドイツの教育事情を知る良い機会となった。ギムナージウムでの宗教教育の話になった折、ドイツではギムナージウムで宗教が教えられており、カトリックの生徒はカトリックの神父から、プロテスタントの生徒はプロテスタントの牧師からそれぞれ別々の教室で、教理問答を含む宗教教育を受けるということを知った。マールブルク大学のあるヘッセン州以外でも同様のシステムがとられているか否かは不明だが、中等の公教育でこうした形で宗教が教えられていることは予想していなかった。

6―トクヴィルの見たアメリカの宗教

以上のようなヨーロッパのキリスト教会と国家（地上の権力）との緊張関係の歴史ゆえに、国家の統治（government）概念が深められてきたという面がある。教会と皇帝は権力闘争にエネルギーを費やし、ときに完全に重なり合い、ときには「二つの権力の楕円的な緊張関係」をはらみつつ国民国家成立への道が整えられて行くのだ。

この国家と教会との関係について、アレクシス・トクヴィルは、特に革命後のフランスの教会を念頭に置きつつ、「ヨーロッパでは、キリスト教は地上の権力と密接に結びつくことを自らに許してきた。今日そうした権力は地に堕ち、キリスト教はそれら権力の残骸に埋もれているようなものである。生きながら死者に結びつけられた人なのである。その絆を断ち切れば、再び立ち上がる」（トクヴィル『アメリカのデモクラシー』第1巻下、松本礼二訳、岩波文庫、236頁）と述べている。

さらに、トクヴィルは民主制のもとでの教会と国家の分離を説いている。宗教が国家から独立していなければ、国家の健全性、個人の自由と平等は保障されない。それは教会が単にイエスの自己犠牲の精神を聖なるものとするための権威として必要とされるためだけではなく、宗教はデモクラシーのもたらす「個人主義」と「物質主義」の双方から人間を解放する役割を果たすからだ。言い換えれば、人間には感覚による経験を超えた「善きもの」への憧れがあり、宗教はすべてが物質に還元され人間は肉体と共に滅ぶという物質主義の教説と闘っていると見るのである。

宗教は人間の最も崇高な力を目覚めさせるだけではなく、自己の殻に閉じこもりやすい人間に、未来への思いと他者への奉仕へと向わせる力を持つとトクヴィルは言う。神と人間本性に関する一般的な概念が、人間の自由の保護者となりうるのは、自由が道徳なしには保持しえず、道徳は宗教なしには成り立ち得ないと考えるからである。トクヴィルは、こうした未来や他者、あるいは死後の世界への思いが、一時的な流行や多数者の意見に支配されやすいデモクラシーの不安定性や暴走に対する「錘（おもり）」の役割を果たしてくれると見ている。だからこそ米国では宗教が政治と一線を画しているのだと。

この論理は、われわれが「政教分離の重要性」を論じるときのそれとは異なっている。日本では、通常、政治と宗教の分離は、「政治が宗教勢力に支配されること」によって、信教の自由が奪われることへの警戒から語られる。だが、トクヴィルの論理はこれとは逆方向になっている。彼は宗教が政治的な関心を高めることによって、宗教の持つ本来的な力が弱まることを恐れるのである。例えば、2016年の米国大統領選の候補者選びの過程で、暴言とも言える差別的な発言を繰り返した共和党のD・トランプ氏に対して、フランシスコ・ローマ法王が暗に彼を批判する発言をした。筆者はその内容には共感する。しかしこのトランプ氏批判は、カトリック教会に党派性を与えてしまうという点では、かなりきわどいものであった。真の宗教が指し示す理念は、いわば美しい宝石の透明な結晶のようなものだ。その宗教が「現世の政治に関わる問題」に直接関与すると、宝石の結晶を割ることになる。割れた結晶の切片は透明な輝きの無い、単なる曇った鉱物のカケラに過ぎなくなるかもしれないのだ。

宗教は、市民社会に生きる個人に「他者や未来」への思い、「不死なるもの」への崇敬の念を呼びおこす重要な力と役割を持っている。宗教が多数決原理の支配する政治の世界に入り込むことによって、あるいは宗教が特定の政党と連携することによって、自由の精神と宗教の精神（信仰）が両立する可能性が絶たれる危険性がある。したがってトクヴィルは「国教」という形の宗教を擁護しようとはしないのだ。

7―内村鑑三と田中正造の場合

もちろん日本にも宗教と政治の厳しい対立はあった。15世紀末から100年ほど続いた加賀の本願寺門徒らによる一向一揆、織田信長の比叡山の焼打ち、明治の廃仏毀釈などなど、思い浮かぶ事例はある。宗教と政治の関係が歴史の底流にも認められるという点では、日本もヨーロッパと大きく異なるわけではない。しかし日本の場合、大量の殺戮を伴う大規模な「宗教戦争」が起こっていないという点でヨーロッパとは問題の現れ方は異なっていた。

ここでは「キリスト教と政治」という日本ではやや周辺的とも見える問題に限定し、「足尾銅山問題」をめぐるキリスト教徒の内村鑑三と、社会主義に傾斜した田中正造の政治運動の協調と決裂についてふれておこう。

内村鑑三（1861年 - 1930年）

関西に住む筆者には栃木県は縁の薄い、土地勘もない地域になる。2010年7月末、銅山跡を見るために栃木県日光市足尾町を訪ねた。高崎から両毛線で桐生に出て、「わたらせ渓谷鐵道」で1時間ほど揺られれば足尾の通洞駅に着く。銅山の谷あいの町付近の坑道を歩き回り、銅資料館を見せてもらった。

幕末から明治初期にかけて閉山状態に近かった足尾銅山は、民間払い下げを受けた古河市兵衛が、1880年代前半の開削の過程で発見された大鉱脈を、西欧技術を導入することによってわずか10年足らずで東アジア有数の銅生産地として発展させたものである。しかし銅の精錬の過程で発生する「燃料の排煙」、「鉱毒ガス（主に二酸化硫黄）」、「排水に含まれる金属イオン」によって、渡良瀬川流域の広大な農地・森林を中心に、近隣の環境を破壊する甚大な被害が発生するようになる。

この足尾鉱毒問題に立ち向ったのが、地元の農民運動と自由民権運動の指導的立場にあった田中正造であった。田中は足尾鉱毒事件について明治天皇へ直訴におよび、その場で警察官に取り押さえられたこともあった。その後も、田中は本郷中央会堂で足尾鉱毒地救助演説会を開くなど、怯むことなく活動を続けて行く。

一方、内村鑑三もこの足尾鉱毒問題に注目し、木下尚江、黒岩涙香、幸徳秋水らの同行を得て、1901年4月22日、鉱毒被害地を訪れ、その惨状と怒りを「鉱毒地巡遊記」として、『萬朝報』に連載している。内村はその後も、「田中正造翁の入獄」と題する文章を『萬朝報』(1902年6月21日)に載せ「義の為に責めらる丶者は福なり」として獄中の田中正造を激励するほどであった。

だが次第に田中の運動に対して内村は批判的になる。それは、「キリスト教無しの社会主義」への批判として、内村の中にわだかまり続けていた問題と関わっていた。「聖書の研究なんて、そんな事を早く止めて、鉱毒事件に従事しなさい」、あるいは「古書を棄て現代を救え」といった田中の言辞が二人の対立を決定づける(大竹庸悦『内村鑑三と田中正造』流通経済大学出版会、2002年)。

両者の対立点はどこにあったのか。内村鑑三の政治に対する基本姿勢は、「キリスト教は政治を語らず、しかれども偉大なる国家はその上に建設せられたり」、というところにあった。先にも触れたように、社会主義に対しては「キリスト教無しの社会主義は最も醜悪なる君主主義よりも危険なり。社会主義奨励すべし、しかれどもこれをキリスト教的に奨励すべし。これをして改心和合一致の結果たらしむべし、制度法律の結果たらしむべからず」と内村は考えていた(いずれも1901年5月の「聖書之研究」冒頭の「所感」「国家的宗教」、「キリスト教と社会主義」から)。したがって聖書の研究こそが社会改良の最良の法であり、渡良瀬川に聖書が行きわたるときが鉱毒問題の解決される時である、というのが内村の動かざる主張となった。貴き「愛心」がなければこの問題の正しい解決は得られないことを強調するのである。

一方、内村に対する田中の共感と敬意は否定できないとしても、足尾の問題が「政治を超えて、あるいはそれを除外しての解決などあり得ない」というのが田中の確信であった。だとすれば、両者の間の溝が深まるのは自然な成り行きであった。「内村氏の聖書研究ハ吝しょくの母が袋ろの中より饅じう一ツヅツ出して子供ニ与うる如シ」という田中の痛烈な内村批判も、自らを義民「佐倉惣五郎」に擬していた田中の覚悟の言葉であったと考えられる(大竹前掲書)。

国家によって満たされる人間のこの世の目的と、宗教によって追求される超自然的目的は截然と二つに分離分割されるわけではない。先にふれたトマス・アクィナスと同じように、内村もその点について十分認識していたと思われる。しかしあくまで人間はひとつの超自然的目的のみを持っており、地上的な事柄としての政治はこの目的達成を容易にするための仕事に過ぎないと考えたところに、政治と宗教の捉え方について田中正造との決定的な違いがあったのだ。

8 日本に多元的権力はあったか

日本人にとっての権威あるいは権力とは何か。宗教と政治に対する姿勢は西洋のそれとどこが異なったのか。この点で参考になるのは福沢諭吉の所論である。福沢は『文明論之概略』第8章「西洋文明の由来」で、西洋文明の根源が「権力の多元性」にある点に論を集中させている。西洋には、理性が答えられない問題に対して幽冥の理を説く教会権力、自由都市などに代表される民衆の権力（デモクラシー）、そして王権、貴族勢力というように、いくつかの権力が並立してきたこと、ゲルマンの野蛮と自由独立の気風には近代への連続性があることなどを指摘し、こうした多様な精神と複数の権力がひとつの政府に集まって「統治」が成立したという歴史的経緯を説明する。

それに対して日本はどうか。福沢は同書の第9章「日本文明の由来」で、西洋の権力が（教会、王権、貴族、市民というように）多元的であるのに対して、日本の権力は一元的であり、バランスが取れておらず、「権力の偏重」が著しい点が特徴だと言う。この「権力の偏重」は日本人のあらゆる人間関係に伏在する。男女の交際では男が、親子においては親が、兄弟では兄が権力をふるう「権力の偏重」は、師弟、主従、貧富貴賤、新参古参、本家末家にまで及ぶと指摘するのだ。

福沢の解釈の重要な点は、「権力の偏重」が日本人全体を「治者と被治者」という二つの異なる意識を持つ社会集団に分断し、独立した自立の精神を眠らせてしまったということである。その結果、宗教も学問も商売も工業も、すべて政府のなかへと籠絡されるようになった。人々は、階級の間の隔壁を自ら取り除こうとはせずに、自分の階級から抜け出すことを立身出世や栄達として賛美したのである。その典型は「太閤さん崇拝」であろう。福沢の観点からすれば、藤吉郎（豊臣秀吉）は単に仲間を見捨てた利己的な男に過ぎない。「人民の権義を主張し正理を唱えて政府に迫りその命を棄てて終りをよくし、世界中に対して恥ずることなかるべき者」は日本では古来珍しい。その例外としては「佐倉宗五郎」が挙げられるくらいではないかと（『学問のすゝめ』7編「国民の職分を論ず」）。

福沢諭吉（1835年 - 1901年）

この点において、福沢が、キリスト教の自己犠牲の思想に深い理解を示していたこと（あるいは福沢の思想とキリスト教との親近性）は見逃せない。それは彼が説く「マルチルドム（martyrdom）」すなわち「世を患い（うれい）て身を苦しめ或いは命を落す」殉教の思想である。自分の命を棄てて、多くの人々を救うという殉教思想を、福沢は、失うのは命ひとつであるが、その効能は「千万人を殺し千万両を費やしたる内乱の師よりも遥かに優れり」（同）と高く評価するのである。その思想が日本にあるかと問うて、次のように応える。日本には討死や切腹は多い。彼らは忠臣義士と評判は高いが、命を棄てる理由は政権争いか主人の敵討ちなどのためであって、「その形は美に似たれどもその実は世に益することなし」と批判する。確かに忠義は尊いが、ただ命さえ棄てれば「忠義」だと言うのはおかしいと述べる。

ここには、「私利」のために仲間を打ち捨てて立身出世を企てる「私智・私徳」のみに凝り固まった人物を礼賛してきた日本の民情への強い批判が込められている。「友のために自分の命を捨てること、これ以上に大きな愛はない」（ヨハネ福音書：15 - 13）という言葉が示すように、西洋社会では、仲間のために命を投げ出す者にこそ畏敬と崇拝の念が払われるのに対して、日本では、自分の栄達のために仲間を打ち棄て立身出世を成し遂げた者を崇める。この私益重視の価値観は西洋人に共感を呼ぶことはないと福沢は言う。

日本では「公」は政府であり支配者を意味した。「日本にはただ政府ありて国民（ネーション）なし」と福沢は見る。階級間の隔壁を取り除くことを試みたものはほとんどいない。宗教も、政治に取り入ること、権力と一体化することに執心し、それがために日本には大規模な宗教戦争は起こらなかった。学問も治者の学問となることに努め、宗教も専制を助けることになった。こうした「権力の偏重」が日本の文明の進歩を阻んできたのだと福沢は『文明論之概略』で論じたのである。

第5章　教える自由、学ぶ自由

教育という営為は人類（Homo sapiens）が生み出した最高の発明だといわれることがある。イモを海水で洗う（と美味い？）ことを子供に教えるサルはいる。しかし世代から世代へと知恵や知識を「体系だって」伝えるのは人間だけであろう。教育というコンセプトが生まれていなければ、すべての人類の知的生産は一代限りとなり、知的生産の堆積としての「文化」は生まれない。世代を越えた知識の伝達において、誰が何を教えるのか。ここにも自由の問題が立ち現われる。

ルネサンス期に描かれた最高傑作のひとつ、ラファエロの「アテナイの学堂」。中世の大学はギリシア精神の復興を目指すものでもあった。

1―知識と判断力

誰が、何を教えるのかは、いつの時代でも論争の的となってきた。古代ギリシアでもこの点をめぐって厳しい批判の応酬があったことは、廣川洋一氏の『プラトンの学園 アカデメイア』(岩波書店、1980年)と『イソクラテスの修辞学校』(岩波書店、1984年)を読むとよくわかる。後者には「西欧的教養の源泉」という副題が付けられている。いずれも示唆に富む傑作だ。古代ギリシアの学園はどのような結社であったのか、その経済的な基盤は何だったのか、どのように学校は経営されていたのか、そして誰が何をどのように教えていたのかといった事実の叙述は新鮮であった。こうした点を明らかにしない観念論や抽象論には魅力を感じていなかったので、廣川氏の著書を読んだときの満足感は今でも忘れることができない。

その内容の要約は細部の面白さを損ねることになろう。廣川氏の著作はイソクラテスの学校と同じアテナイ市にあった後発のライバル校のプラトン・アカデメイアとの相違と対立点が何処にあったのかを具体的に細かに説明し、この2校の根本的な違いをイソクラテスとプラトンの著作から読み取っているのだ。

端的に言うと、イソクラテスは、ドクサ(健全な判断)に従う人びとのほうがエピステーメー(厳密な知識)をもつと公言する人たちよりも、いっそう首尾一貫しており当を得ていると考える。プラトンにおいてはドクサは「憶測」であり、エピステーメーが「知識」であるのに対して、イソクラテスはエピステーメーは「空理空論」に過ぎないとみる。真の教師は、国を治めるための実践的エキスパートを養成すべきであり、「無益な事がらについて厳密な知識をもつよりも有益な事がらについてあり得べき健全な判断――ドクサ――を持つ方がはるかによい」とプラトンの学校を批判するのである（廣川洋一『イソクラテスの修辞学校』181頁）。

ここに「言葉豊かに、説得力をもって語る」という西洋の修辞学と教養の伝統の源流のひとつがある。ヨーロッパ中世の大学が、哲学の復興という形を取った「ギリシア精神の復興」でもあったことは、すでに指摘されている通りである。しばしば解説される中世大学の自由学芸7科のカリキュラム、すなわち3学（文法、修辞学、論理学）と4科（算術、幾何、天文学、音楽）の結合は、イソクラテスとプラトン双方の主張をバランスさせたものと考えることができよう。

近代に入ると、工業化の進展が教育の内容を変えてゆく。技術と人材が企業の発展や一国の工業化の成否を決めるとなると、学校は産業に役に立つ応用科学や技術の教育と研究にもっと力を注ぐべきだというビジネス界からの要請は強まる。こうした動きは19世紀に入るとヨーロッパでも目立ちはじめる。イギリスでも中世以来の自由学芸7科と神学、法学、医学の専門教育だけではなく、産業に応用できるような科学技術の教育をカリキュラムの中に組み込むべきだという強い要請が出てくるのだ。

ちなみに、中世ヨーロッパの大学は教育（とくに僧侶の養成）が中心であり、「研究」という概念は意識されてはいなかった。19世紀に入ると、ヨーロッパでは産業と文化の後発国であったドイツの大学が、科学教育において先端的な「教育と研究の一体化」を目指すプログラムを作りだし、産業技術の先進国イギリスに脅威を与えるようになる。英国のオックスフォード（哲学中心）やケンブリッジ（数学中心）などの中世以来の伝統を墨守していた大学は、古典教育中心のカリキュラムの改革を迫られるのである。

1810年、フィヒテを初代学長として創設されたベルリン・フンボルト大学（創設時はフリードリッヒ・ヴィルヘルム大学）では、学生の教育と並行して、研究が大学教授の主要な任務とされた。創立の父ヴィルヘルム・フォン・フンボルトの「理念」には、教授が研究を行うだけでなく、その研究に学生も参加するという方向が示されている。単に受身の姿勢で、教授の講義を聴くという方法ではなく、「研究を進める過程を通して教育をする」という知性の開発方法が強調されたのである。哲学を基礎学問とし、研究と教育を統一するという新しい理念の下に設立されたベルリン大学は、近代世界のモデル大学とみなされるようになった。ドイツの大学が多くの分野で世界の学問をリードしていた第1次大戦期までは、教師の教える自由（Lehrfreiheit）と学生の学ぶ自由

ヴィルヘルム・フォン・フンボルト（1767年 - 1835年）

(Lernfreiheit)の密接な関係も、十分に意識されていたのである。

ベルリン大学の創立理念の根底にある考え方には、人間の知識が不完全なものである以上、それをあたかも完全に所有した者がいるかのごとく、高みから一方的に伝授するのは、知性の発展にとって阻害にこそなれ有益ではないという認識があった。この知性開発方法の起源は、古代ギリシアのソクラテスにさかのぼる弁証法の哲学の根底をなす考えである。フンボルトの大学の理念が、それ以降、20世紀半ばまでドイツの学問が世界へ大きく貢献する要因となったと言われる(「フンボルト理念」の実際の影響力については、潮木守一『フンボルト理念の終焉?――現代大学の新次元』(東信堂、2008年)参照)。

2 「事実」か「空想」か

技術進歩は経済生活を豊かにする。同時に人間を生産プロセスに縛り付け、技術体系の中に埋没させる。特に現代社会では、労働は特化・専門化して「全体の利益」の中に組み込まれた活動となっている。研究・教育の場でも専門化が進み、大学の同じ学部にいても同僚の研究の意味内容が理解できないこともめずらしくない。専門化が進み過ぎて意思疎通ができなくなるというような状態を呈してきたのだ。それは巨大なジグソーパズルを完成させる作業に似ている。部分部分はそれぞれうまく組み合わさっているのだが、それが全体としてどのような絵柄になるのかを想像する者がいないという状況にたとえられよう。

こうした知識の「断片化」は、事実(fact)の教育・研究は大事だが、想像(fancy)と批判の力を養うことを疎かにしてはならないことを改めて教えてくれる。科学技術は、すぐれた科学者や工学者の努力によって内輪の判断評価だけで進展する。しかし科学技術の発展に対して、その意味と妥当性を外部から批判的に考察する社会集団が必要なのだ。

19世紀以降、科学と技術の進歩によって人間は計り知れない恩恵を受けてきたが、その魂が何ものかで満たされるのを待っているようにも思える。科学技術の基底に横たわる「合理的なもの」によって人間の魂が解体されることに、不安を覚えているのが現状ではなかろうか。強調さるべきは、科学技術と人文学・社会科学のバランスの取れた教育と研究である。科学技術だけではわれわれは精神のバランスを保つことはできない。産業の発達と機械技術がそのまま人類の幸福をもたらしはしないということに人間が気付いてから、すでに200年近くの歳月が経つ。しかしいまに至ってまだ、「人間と社会」を問い直す人文学・社会科学を自国の教育研究体制の中に適切に位置づけることができないのはなぜだろうか。

科学・技術教育の偏重には人文学・社会科学系の学問と教育への著しい無理解がある。それだけではなく、科学技術が栄えれば国は栄える、という単純な国家像も浮かび上がってくる。戦前の優れたジャーナリスト清沢洌(きよし)は、敗戦が明らかになりつつある1945年2月15日の日記(『暗黒日記』岩波文庫、山本義彦編)に「教育の失敗だ。理想と、教養なく、ただ『技術』だけを習得した結果だ。彼らの教養は、義士伝以上に出でぬ」と慨嘆している。『暗黒日記』は言論活動の自由を奪われた清沢が晩年に残した、太平洋戦争下の日本社会の病理をつぶさに観察した貴重な記録だ。全篇を通して流れるのは、教育の問題であり、教育の失敗が日本の悲劇をもたらしたという認識である。時代と社会背景が異なるとは言え、「技術と精神の成熟のアンバランス」という問題は、戦後70年経った今日も解消されていないのではないか。

教育機関において何を優先的に教授すべきなのか。これは工業化への道をまっすぐ突き進む社会が、現代でも直面する大問題なのだ。チャールズ・ディケンズはこの難題を取り上げて、『ハード・タイムズ』という小説を書いた。トーマス・カーライルに献呈されたこの作品は、われわれをいまだ悩ませるこの大問題にひとつの答えを与えている。

イギリス中部の工業都市プレストン（小説ではコークタウン）で実際に起こった労働者のストライキを素材とした小説の粗筋は次のようなものだ。

実業から引退して学校経営をしているグラッドグラインド氏の教育方針は、「事実」のみを教えることである。『ハード・タイムズ』はグラッドグラインド氏の次の言葉で始まる。「さて、わたしが必要と考えているのは『事実』なのだ。ここにいる男女児童たちに『事実』だけを教えてもらいたい。『事実』だけが人生で必要なのだ。他のことはいっさい植え付けてはならない。他のことは全部根こそぎ引き抜いてもらいたい。理性を働かす動物の精神は『事実』に基づいてこそ作り上げることができるのだ。それ以外のことは、この児童たちにとって何の役にも立ちはしない。これこそ、わたしが自分の子供たちを育てる際の原則であり、これこそわたしがこの児童たちを育てる際の原則なのだ。決して事実から離れてはならんのだよ、君」（山村元彦／竹村義和／田中孝信共訳、英宝社、２０００年、以下引用は同訳）。彼の「数値」重視の姿勢は、ポケットにいつも物差しや計算票を忍ばせていることによってカリカチュアライズされている。

この作品は、BBC Classic Drama シリーズとしてテレビドラマ化された（邦題は『困難な時世』）。ドラマも小説同様、教室のシーンから始まる。グラッドグラインド氏は、この工業都市の近くでテントを張って興行しているサーカス芸人の娘、シシーに、「馬を定義しなさい」と問う。この学校の生徒はすべて番号で呼ばれる。彼女も「女子二十番」という番号で識別されている。問われたシシーは定義を与えることができない。するとグラッドグラインド氏は驚いて叫ぶ。「女子二十番はいちばんありふれた動物の一つについて何の事実も知っておらん！　誰か男子に馬の定義をしてもらおう」と言って選ばれたのがビッツァーである。

ディケンズの小説『ハード・タイムズ』（1854年）の挿絵。中央の紳士がグラッドグラインド氏。

ビッツァーの模範解答は、「四足獣。草食性。

四十本の歯、つまり二十四本の臼歯と四本の犬歯、それに十二本の門歯。春に毛が抜け、沼の多い地方では蹄も抜け落ちます。蹄は堅いけれど蹄鉄を打つ必要があります。年齢は門歯表面の溝の具合で分ります」。

馬の外見や性格についての記述は一切必要ではない。つまり「事実」だけが尊重され、どう見えるか、どう感じるかという推量や想像を一切許さない教育なのだ。「事実」以外は教えない、という原則で、グラッドグラインド氏は家庭教育も行ってきた。その結果、娘は愛を知らぬ女性になり、息子はギャンブルで身を滅ぼし銀行に泥棒に入る。自分の子供たちの不幸を目の当たりにして、はじめてグラッドグラインド氏は自分の教育方針の誤りに気づき、遅まきながら改心するという話なのだ。

『ハード・タイムズ』はこうした、「役に立つ事実」のみを教え込む教育がもたらす悲劇を描いたものだ。「事実」の教育だけでなく、実は「空想」も人間にとって、あるいは人間社会にとって大切な力になりうるということが、ディケンズの重要なメッセージなのだ。

3 教科書選択の自由

何を教えるのかという問題は、具体的には「何を教科書として用いてもよいのか」という形でも現れる。「教科書検定」をめぐる問題は日本社会でも戦前・戦後を通じて断続的に政治論争のテーマの一つとなってきた。小学校の教科書の編纂検定をめぐる論争は、すでに明治29年（1896年）、修身の教科書の、そして翌明治30年3月19日、修身と国語読本の「国定化」を求める建議が貴族院から出される前後から始まっている（山住正己『教科書』岩波新書、1970年）。

こうした議会の動きに対して、福沢諭吉はその1週間後の3月27日付け『時事新報』に「教科書審査会を廃すべし」と題する時論を寄稿している。当時、新潟県で起こった教科書発行者による審査委員への「賄賂」問題を取り上げた論考である。福沢曰く、「教育社会に忌わしき賄賂沙汰などは、ひっきょう審査会の設あるがためなれば、今回の如き機会に断然廃止して、教科書の採用は各地方・各学校の随意に任ずること、処置の当を得たるものなるべし」と。

さらに1週間後の4月2日、同じく『時事新報』で「教科書の編纂検定」を論じている。注目すべきは、ここでの福沢の論は、現代の検定論争と多少論点が異なるだけでなく、完全自由化論でもないということだ。

福沢は次のように論ずる。まず教科書の「国費編纂」を問題にする。国が国家事業として「国費をもって完全なるものを編纂すべし」とすれば、「まず文部省の辺にて編纂せしむること」になる。しかし文部省の官吏とて、特に博学多識なわけではない。文部省に依頼して安心するようでは「政府過信の迷」から脱することはできない。

民間の学者・教育者に委託するという方法も考えられる。教科書として適当な著書翻訳書も存在する。しかしこの方法にも「当局者の偏見」が混入する。「真実独立なる学者の著書はとても気に入るべからず」として、福沢氏（つまり自分）の著訳書は一部も残さず、すべて排斥されたではないかと、怒りを露わにするのである。そもそも、おそらく、官の依託に応じて、または月給を貰って筆を執る者は、「俗吏以下の人物にして、ただ官辺の意を迎えて編纂することなれば、とうてい完全は望むべからず。国費の編纂はいずれにしても実際に効能なかるべし」と福沢は主張するのだ。

国費にすれば安いと考えるが、業者との癒着は避けがたく、また、地方の選択に任すとしても、結局地方の醜態を中央に集めるだけに終わる。ではどうすべきか。福沢は、「教科書の編纂選定は一切自由に一任し、ただ文部省にて検定を行い、不都合の図書を用いしめざるまでにて差支なきを信ずるものなれども」としつつ、自分の教科書観を次のように示す。例えば衛生法を説くには、暴飲暴食を戒めることは必要だが、「美衣美食」を薦めるべきではない、とする。教育においては、「何を避けるべきか」を示すことに止め、「何をなすべきか」を示さないことが重要だと言う。児童の教育法にしても、有害な悪書を薦めるべきではないが、児童をことごとく忠臣孝子や英雄豪傑たらしめようと多くを望むのは、「あたかも稲の穂に牡丹の花を咲かせんとする」ようなものだと。

4　言語の選択——母語を棄てない自由

複数の言語が混在する国家の場合、公権力が決定すべき別の深刻な問題が現れる。それは何語で公的なコミュニケーションを行うのかという公用語の選択問題である。しかし、言語は単なるコミュニケーションの手段ではない。ひとは最初に習得した言語（母語）によって思考するという事実を忘れてはならない。母語で考え、その考えを自由に表現することが人間の精神的自由の根本をなすと言ってもよい。母語を使う自由が制約されるという苦しい経験を強いられる人々を抱えるのが移民国家なのである。

言語は教育の中心に位置するだけではない。政治の最重要手段でもある。したがって言語上のハンディキャップは立法の過程でも司法・行政の場でも問題になる。こうした点の配慮からアメリカでは「バイリンガル教育法」（Bilingual Education Act）によって、「バイリンガル教育プログラム」が実施されている。この法律は１９６８年に米国連邦法、Title VII of the Elementary and Secondary Education Act of 1968として、英語の会話力が不十分な子供（LESA - Limited English Speaking Ability）への英語教育の必要性を認めた最初の連邦法だとされる。主にテキサス州のヒスパニック・アメリカンを念頭において作られたものであった。英語の会話力の不十分な子供に、スペイン語教育の機会をも与えるものである。しかしその前史は長い。

20世紀の初頭では、一部の州（例えばテキサス）が移民に対して国籍取得のためには英語の会話力を資格要件とすること、言語を排除や差別の手段とすることを禁ずることはできなかった。しかし排日の機運が高まっていた1927年には次のような連邦最高裁判決が出ている。ハワイ（Territory of Hawaii——当時はまだ州にはなっていない）の日本人移民が、私立学校で日本語を許可なく教えることを禁止する法律を違憲だとしているのだ（Farrington v. Tokushige）。第二次大戦後は、公民権運動が高まり、1964年の公民権法（Civil Rights Act of 1964）によって、バイリンガル教育への財政的援助が合法化されるのである。

ジョンソン政権下の1968年1月、連邦法としての「バイリンガル教育法」に基づき、年収3000ドル以下の家庭、あるいは公的扶助をうけている子供のいる家庭の比率の高い学校で、英語の会話力が低い子供に「母語」の教育をほどこすことを目的として、初年度には750万ドルの資金が準備された。1974年の一部改正の時点で、このプログラムへの財政支出は5830万ドルにも達し、このプログラムで教育を受けた子供は34万人にものぼったという。74年の改正は次の点に及んでいる。所得の条件を撤廃する、言葉だけではなく、文化の教育の重視、言語以外の教育（美術、音楽、体育など）は他の生徒から分離されてはならないこと、実験的な性格のものではなく、広く普及されるべき正規のプログラムであることが強調された点が注目される（この法律のその後の展開は割愛する）。

言語の自由は政治参加の権利に直結している。「バイリンガル教育法」は英語のハンディキャップをもった子供に言語教育を施す政策であるが、投票権法（Voting Rights Act of 1965）は、同様のハンディキャップをもつ成人に政治参加を可能にすることを目的とした立法措置であった。この法律は元来「識字テスト」によって投票行動から遠ざけられていた南部の黒人に、実質的な投票権を付与することを目的としていた。それまでの南部諸州では、「識字テスト」の名のもとに、事実上黒人が投票することは不可能に近い状態であったからだ。例えばミシシッピ州では、1964年時点では黒人の有権者登録率は6・7％にすぎなかったのに対し、「識字テスト」の廃止によって、67年には実に59・8％の黒人が有権者登録をしたと報告されている。

Voting Rights Act（1965年）に署名したジョンソン大統領と握手するキング牧師。

1975年の法改正によって、メキシコ系アメリカ人の言語問題をも含みうるかたちになった。投票用紙が英語のみで書かれていることは、従来の「識字テスト」を課していることと同じであるから、公職選挙に際しては2か国語の投票用紙が用意されるようになった。対象となった人種はスペイン系アメリカ人の他、アラスカ原住民、アメリカン・インディアン、アジア系アメリカ人である。これら4系統の人々が、この法律では「言語的に不利な立場にある（the linguistically disadvantaged）」アメリカ人少数派と呼ばれている。

ここにあげた教育と政治に関する例は、自由をめぐる「言語と国家」の関係の複雑さを示す。それは一面では民族と国家の問題であり、さらに技術的にみれば、政治的、社会的、そして経済的な機会均等や平等な権利をいかに保証するかという問題となる。こうした問題は決して「移民国家」アメリカ独自のものではない。それは、既存の社会に外部から新たな政治的・宗教的な習俗（mores）が浸透した国家に共通してみられる「思考する自由」の問題なのである。

5―公教育を受けない自由

人間の生活の原初的な形態の中に宗教的要素が認められることは多い。現代の社会生活においても、形骸化したものが多いとはいえ宗教的な起源を持つものが少なくない。その意味でも、前章で論じた信仰の自由と国家統治の関係は無視できない。宗教も政治も経済も重なり合う社会的行為であり、「お金と神様は別物だ」というようには割り切れない場合がある。アメリカ社会の中にも、社会生活の規範と宗教的規範が重なり合った社会集団が現在でも存在する。ユダヤ教徒、ハッタライト（Hutterites）、アーミッシュ（Amish）、モルモン（Mormons）などがその例である（以下の説明は *Harvard Encyclopedia of American Ethnic Groups* による）。

ハッタライトは16世紀のモラヴィア地方で生まれたキリスト教的共産社会（消費も生産も共同）に源を持つ再洗礼派の一派であった。東ヨーロッパで種々の迫害を受けたためロシアに移住したが、徴兵忌避を理由に1870年にロシアから現在のサウスダコタ州へ移民する。多くは第1次世界大戦時にカナダへ移り住んだが、現在でも6000人余りが、サウスダコタ州とモンタナ州に居住している。子弟は一般の公立学校へも通うが、基本的な教育は現在でも伝統的な独自のドイツ語によるカリキュラムに従っている。英語も話すが、「母語」はドイツ語なのだ。彼らは公職選挙における投票権を原則として行使せず、戦争目的のための徴税にも応じないことを旨としている。

アーミッシュも16世紀のスイスの再洗礼派の流れをくむメノナイト（Mennonite）の一派で、ハッタライトに近いグループである。彼らの生活信条は、自発的な共同体の維持、平和主義、世間からの隔離、再洗礼、公職就任や兵役の拒否、質素な生活などである。現代のアーミッシュの生活については、映画『刑事ジョン・ブック　目撃者』（1985年、原題Witness）で記憶にある人は多いだろう。ヨーロッパでの迫害と投獄で自由を奪われたのも、彼らの堅固な宗教信条が国家主権の命ずるところに抵触したためである。現在でもペンダッチ（ペンシルヴァニア・ジャーマン）の方言を使い、農耕も役馬で行い、服装も17～18世紀頃のヨーロッパ人を模したものを用いている。彼らの生活信条は、先にふれたハッタライトのそれと類似しているが、文明の利器（電気・電話・自動車など）を使わないこと、初等教育以外の公的教育を拒否する点で、ハッタライト以上に現代社会に融合しないのが特徴である。

アーミッシュが初等教育以上の義務教育をうけないことについて、1972年連邦最高裁で争われたケースがある（Wisconsin v. Yoder）。この件について連邦最高裁判所は、「アーミッシュの子弟に小学校以上の義務教育を強制することは、彼らの宗教上の権利を侵すことになる」という判決を下している。判決理由は、「アーミッシュは公の安寧、平和、秩序に対する脅威とはなっていない。実際彼らの生活が社会の福祉を減ずるということはない」というものであった。

このようなアメリカ国内の宗教的少数派の教育に対する姿勢は、何を物語っているのであろうか。それは国家と教育の自由の問題を考える際のヒントを与えてくれる。ひとつの国家に、ひとつの宗教は、統治の「効率性」からみて望ましいと考えられるかもしれない。しかし事実は逆で、いくつかの（公序と良俗を乱さない）宗教が共存し相手の存在を認め、それが互いに「宗教戦争」に至らない程度で競合・共存するというのが、理想的な状態なのではないか。

宗教がいくつかあれば、自由な競争によって新しい信徒を引きつけ、その経済的な基盤を確かなものにする必要が生じる。より多くの信徒を得るためには宗教の信仰箇条は穏健にならざるを得ない。米国におけるアーミッシュの教育問題のように、時には国家主権による裁定が必要となる場合もあるだろうが、宗旨が穏健であれば社会秩序の脅威とはなりにくい。

つまり、いくつかの宗教が共存することは、過度の宗教的熱狂から社会を守ることになるとも言える。さもないと、「最善のものが腐敗すれば最悪となる」(ヒューム) と言われるように、宗教は熱狂を生み、ひとびとの自由を奪い去り、ときに権力機構の道具と化してしまうか、あるいは「国教」という形の宗教的無関心を生むかのいずれかになりかねない。スカンジナヴィア諸国の沈滞した「国教」ルター派教会は後者の典型的な例なのかもしれない。

現代の自由民主制社会の多くは、宗教的少数派を最大限許容するという点で、宗教における「自然的自由の制度」(アダム・スミス) を取り入れていることになる。

6―国家の全面的関与の弊害

もうひとつの「教育の自由」に関わるファクターは、「国家の関与」から生ずる自由の問題である。この点で、はっきりとした見解が文書で読み取れるひとつの例は、フランス革命時の急進派によってしたためられた公教育についての計画書『革命議会における教育計画』である。革命前のフランスでは、教育を行う自由と教育を受ける自由はともに、支配階級、とくに王権と宗教権力 (特にジェズイット) が独占していた。革命議会がそのシステムを抜本的に改革しようとしたのは理の当然であった。この『革命議会における教育計画』を執筆したコンドルセはその改革の先鋒に立ち、権威から教育を解放し、理性のみに従う「自然的自由人」を育てるという、ルソーの考え (『エミール』) を実現する理想主義的な教育を追求した。

コンドルセは多方面でその才を発揮した合理主義者であった。ふたつの点で彼は経済学説史にその名をとどめている。ひとつは、イギリスの保守的な政治経済学者マルサスにこっ酷く論難された人物として、もうひとつは、デモクラシーにおける「投票のパラドックス」の先駆的な研究者としてである。

マルサスを有名にした主著『人口の原理に関する一論』（初版、1798年、以下『人口論』と記す）は、アダム・スミスを含め、それまでの定説を片っ端から論破するために書かれたと言っても過言ではない。しかし単なる論争の書であっただけではなく、チャールズ・ダーウィンの「自然選択」論にも大きな影響を与えた書物でもあった。そのことをダーウィン自身が『自伝』の中で述べている。それほど影響力の大きな書物であった。

コンドルセはそのマルサスにどう批判されたのか。マルサスが攻撃した人物はもちろんコンドルセだけではなかった。社会理論の学説上、画期的とも言える書物『人口論』の副題は、「ゴドウィン氏、コンドルセ氏その他諸家の研究に触れて、社会将来の改善に対する影響を論ず」となっている。食糧の増加は算術的であるのに対して、人口の増加は幾何級数的である、と考えて、人口問題がやがて人間社会を瓦解に導くと論じたマルサスにとって、単純な「平等論者」ゴドウィンの「平等がもたらす美しき将来社会」こそ、30年以内に瓦解するものであり、コンドルセの『人間精神進歩史』に示されている「人心進歩の図」（人間は有機的に完全なものであって、人間の生命は無限に延長するという主張）など皮相に過ぎてお話にならないと論じたのである。コンドルセが考えたことが２００年経った今も実現していないことは言うまでもない。
彼の思想の中心には、人間を自然的自由人に育て上げるための合理的な教育制度を創出すれば、人類の進歩は間違いないという信念がある。コンドルセはこの点で、おそらく教育を通して社会を「進歩」させるという思想を具体策として構想した最初の社会改革者であったと言える。専制、偏見と無知、社会的・政治的隷属からの解放は、科学と技術と政治革命によって達成できるという強い確信があったのだ。

こうしたコンドルセの人間理解は、人間と社会の複雑さを読み取る助けにならないどころか妨げになる。しかし、彼の数理的な思考力は、制度の持つ矛盾点を論理的に証明するという点では卓抜なものであった。それが「個人の選好」とその集計としての「社会の選好」との間の矛盾を示す「投票のパラドックス」に関する先駆的な研究である。この「パラドックス」についての説明はここでは割愛するが、彼の研究が１５０年後に経済学と政治学の重要な研究分野を切り開くことになった。

ニコラ・ド・コンドルセ
(1743年 - 1794年)

だが、数理の天才は社会研究の天才とは限らない。そもそも社会研究に「天才」はいらないのだ。なぜなら社会は必ずしも合理性の論理で動いているわけではない。むき出しの数理を社会研究に適用すると、ギリシア神話の「プロクルーステースの寝台」になりかねない。アッティカの強盗プロクルーステースは通行人を自宅に連れ込んでベッドに縛り付け、相手の身体がベッドからはみ出せばその部分を切断、ベッドより小さければ体を引き伸ばすような拷問にかけた。現実が理論通りでなければ、現実が間違っていると判断するのは、この種の強引さと似ている。寝台（理論）のサイズに合わせて、寝ている生身の人間（現実）を引き伸ばしたり、切ったりすることになるからだ。

7—人間は教育で自在に変えられるか

「数理」に優れた能力を持つ人間が社会問題を論ずると、その論理性ゆえに時として的をはずしてしまうことがある。マルサスのコンドルセ批判も、イギリス保守主義からフランス啓蒙主義（合理主義）への痛烈な攻撃として理解できる。コンドルセは、平等に同じ教育をほどこすことによって、人間は自由になり、合理的に行動するようになると信じていた。こうした合理主義者や啓蒙主義者の考え（夢想）は、アダム・スミスのように、「教育は個人差のある人間の資質や能力、あるいは野心や虚栄心に対して、適切な「方向付け」を与えるに過ぎない」とする見方とは根本的に異なる。

教育による人間の可鍛性（trainability）を過大評価する見解は、概して「自由の制度」と対立する合理主義者や社会主義者に多く見られる。近代の社会主義思想が人心を強く捉えたのは、完成した人間を手早く陶冶する教育によって、ユートピアが建設できるとする楽観論であった。この教義を典型的に表現しているのは、「人間は環境によって変えられる」とする環境決定論を主張したロバート・オーエンである。彼は『新社会観』（１８１３年）の中で、「子どもは例外なく受動的で、驚異的に設計された合成品」であり「集団的にどのような人間性でも持つように形づくることができる」と述べている。

　仮にこのオーエンの考えに一面の真理があるとしても、こうして合成された人間は面白味のない実に退屈な存在であろう。単純な進歩思想に彩られた19世紀や20世紀のユートピア文学に現れる人間は、ほとんどすべて人格の深みに欠ける。ユートピア文学自体に傑作がほとんどないということには、実は深い意味が含まれているのである。教育の画一主義（conformism）は、疑う能力ではなく、単純な自己過信をわれわれに植えつけてしまう。19世紀のロシアで言われたように「教育が国民を滅ぼす」とまでは行かなくとも、「学問を修めれば修めるほど、ますます人間が単純で退屈になる」という言葉には、学問を目的（出世、経済的利得など）のための手段としてのみ修めると、自由

ロバート・オーエン
（1771年 - 1858年）

も独立心もない人間が生み出されるだけだという意味が込められているのだ。

福沢諭吉は『学問のすゝめ』（12編）の中で「学問の本趣意は読書のみに非ずして精神の働きに在り」と言い切っている。何が役に立つのか、何が実学で何が虚学かが問題なのではない。学問をいかに精神の働きに生かせるのかが問題なのだ。そこには人間の品位と尊厳にかかわる考えが含まれている。人の見識品行は、深遠な知識を持っているのか、より多くを知っているのかにあるのではなく、「事物の有様を比較して上流に向かい、自ら満足することなきの一事に在り」という精神から生まれると言うのだ。この「自ら満足することなき」という言葉は、知識欲の内発性がなければ、そして独立の気力がなければ、生きた学問とはなりえないことを意味している。「さらに知りたい」という内発的な欲求こそ、近年われわれが身を置く教育機関で薄まりつつある「気概」ではなかろうか。権威が与える定形化された知識を鵜呑みにする「知識欲の喪失」こそが虚学を生み出すのである。

福沢諭吉『学問のすゝめ 初編』（1872年）

近年日本では、経済・産業界の動向・人材需要を鋭敏に把握し、それに応じた「役に立つ」、実践的な人材の育成が強調される。しかし、いくら企業経営者、行政、あるいは研究者が予測しても、その変化の速度と多様性を読み取ることはできない。そうした産業別・職業別の雇用動向を把握しつつ、それに対処できるのは「自由な市場による調整機能」しかないからだ。何が「役に立つ」のか、「役に立つ」教育における教科内容の動きを長期的に正確に見通すことができる単一理性は存在しない。それゆえ一般の学校教育でその多様化に柔軟に対応できる能力の基礎となる原理的学習、自由学芸の教育が重視されるのである。現実の職場での仕事は、素人や現場を知らないエリート経営者が考える以上に複雑かつ高度であり、多様で広汎な力量が要求される。その力量は実地の経験（OJT）を通して獲得されるものがほとんどである。

だからこそ、「原理」に関わる学習、すなわち数学と哲学・言語（特に読解力と作文力）の訓練を通して、豊かな想像力をもって、自らの考えをまず母語で正確に豊かに語る能力、説得力のある文章を書く力を養うことが、これからの大学の教養教育で重視されて然るべきなのだ。そこにこそ大学の生き残る道がある。社会の変化に対応しつつ社会の要請に順応しながら、社会人教育、実践的知識の鍛錬も一部取り入れ、しかし大学本来の「自由学芸」を守り育てて行くという二枚腰の姿勢こそ正攻法だと筆者は考える。この点については、最後の第8章で改めて考えてみたい。

8―道徳は教室で教えられない

知識と知識欲の伝達、すなわち知育のほかに、徳育と体育も教育の重要項目であろう。体育は、実技となると、「教えたから必ず身に付く」というわけにはいかない。模範演技を見せられたからといって、練習をすればみんながその技をマスターできるというものでもない。音楽や工芸のような芸術教育についても、この辛い事実を（筆者も含め）多くの人が経験しているはずだ。自分で楽しむ場合はともかく、体育も芸術も才能が必要なのだ。練習量を増やせば、それなりのレベルに達することはできる。しかし練習量が確実に成果に結びつくわけではない。理論的に分っていてもできないことは山ほどあるのだ。

実は徳育（道徳教育）についても、似たようなことが当てはまる。道徳を説いてもそれを聴いた者が道徳的になるとは限らない。また、ひとつの道徳観を教え込むことは、ときとして、個人の自由が侵害されることにもなりうる。こうした点について福沢諭吉が知育と徳育の違いとして『文明論之概略』で明快に論じている。

まず、徳があるかないかは、他者からの誹謗や悪評などの「外物」を人は恐れるから、その行動だけから判断することはできない。徳は人の心の内に存する部分があるゆえ、不徳の人と徳のある人は、（知者と愚者を識別するようには）簡単には分らない。また徳は形を持って教えることはできない。賢いかどうかはテスト可能である。知恵があるか否か、試験をすればすぐわかるから知恵に関して世間を欺くことはできない。これに対して、不徳者が有徳の士を装うことはできる。これが世に「偽君子」が多くて、「偽智者」が少ない理由だと福沢は指摘する。

世の中の道徳教育の必要ばかりを説く徳行家は、「徳義は百事の大本、人間の事業、徳に由らざれば成る可きものなし」と言うが、これは徳育の過信につながる。人の心の善悪は、人々の工夫に在るのであって、傍から自由自在に与えたり奪ったりするものではない。やれ金銭や異性関係に清廉であれ潔白であれ、と「私徳」を教え込むことは、人を蔑視し、圧制してその天然を妨げる挙動となることがあると福沢は言う。

「徳育如何」（明治15年10月『時事新報』社説）で、同様の視点から道徳教育と自由の関係に福沢は触れている。その論は次のようなものである。いつの時代も、「近頃の若いものは」という決まり文句が発せられてきた。若者の品行の軽薄さ、年長者への敬意の欠如は、すべては学校の教育が不完全なこと、徳育を忘れたことにあるとするものが多い。しかし福沢は、目上への敬意がないとか妄(みだ)りに政治を論じて軽躁だというのは一面正しい指摘かもしれないが、その原因を学校教育にあるとするのはあま

福沢諭吉『文明論之概略』（1875年）

りにも短絡的だと言う。原因は教師の不徳や教科書の不備にあるかもしれないし、文部省方針の様々な結果かもしれない。その原因をよく究明しないで、すぐ「道徳教育の強化を」と言うのはあまりにも軽佻に過ぎる。

教師や教科書、文部省の問題は「近因」に過ぎないから、さらに根本的な原因を考えなければならないとして、福沢は、「遠因」は当時の日本の場合は開国と革命であったとしている。事実、道徳教育が必要だと騒いでいる連中が、こうした開国と革命の風潮に乗じて「利を射り、名を貪り、犯すべからざるの不品行を犯し」ながら学校教育の一局部を変革しても効果は薄いという。この点は、現代の状況にも参考になる卓見ではなかろうか。道徳の乱れは教育ですぐ解決できることでもなく、教育でよい効果が現れるようなものでもない。日本人のそれぞれが独立自尊の精神をもたない限り、内から自然に、そして自由に輝き出る道徳の美しさは生まれ出ないということなのだろう。

知の教育はできても徳義を教えることは容易ではない。道徳を説いても、本当に効果があったかどうかはわからない。何が道徳的に望ましい行為なのかを問うても、正解を言葉で述べられる者が、実際に道徳的な行動をとるとは限らないのだ。それよりも、若者が「憧れるような先生」の「思い、言葉、行い」が最大の教育効果を持つのではないか。自分が受けた小学校から大学までの教育を振りかえると、いずれの時期にも、「憧れるような先生」あるいは「気になる先生」に幸運にも巡り合えたからだ。

第6章　言論の自由、表現の自由

言論の自由、表現の自由は人間精神にとっての基本的な価値だ。しかし、ムチの一打は傷をつくるが舌の一打は骨をも砕くと言う。したがって自ずとそこには限度がある。その限度をどこに求めるかについて、二つの倫理思想が対立してきた。歴史的に見ると、個人にとってだけでなく社会全体の福祉の増進にとっても、言論の自由は不可欠だとする考えが英米社会では強い。しかし逆説的なことだが、言論の自由、出版の自由が言論の力を弱める場合がある。

ウィリアム・メリット・チェイスが描いた宮廷道化師。言論の自由がなかった中世英国で、王様の行き過ぎや誤りを指摘する役割も担った。

1──王様は伝令を殺す

『ニューヨーク・タイムズ』紙（The New York Times／以下NYT）といえば、All the News That's Fit to Printをモットーにしているように、印刷に値するニュースを的確に報道する良質なメディアのシンボルのように考える人は多い。しかしNYTが「つねに」公正かつ正確なニュースの提供者であったわけではない。近年『朝日新聞』が偏向と虚偽の報道で信頼を失う事件があったが、ジェイソン・ブレアという記者が剽窃と虚偽報道で解雇されるなど、これに類した事件がNYTでも起こっている。

古い例では、NYTのロシア革命の進行状況についての報道に偏向と虚偽があったことが問題とされた。W・リップマンとC・メルツがNYTを厳しく批判したこの大論文（"A Test of the News," *The New Republic*, August 4, 1920）は、現在でもアメリカのジャーナリスト志望者が大学院教育を受ける時に読む重要文献のひとつとされている。

リップマンとメルツは1917年3月の革命勃発、ツァーリ・ニコライ2世の政権崩壊から1920年3月までの3年間のNYTの記事を詳細に検討し、この新聞が、実際に起こらなかった事柄をねつ造、架空の残虐行為を報道し、何度も「ボルシェビキ体制は崩壊寸前だ」と書き続けたことを厳しく批判したのである。この虚偽報道はたしかに驚くべきことであった。

しかし重要なのは、多事争論を許容するアメリカ社会が、リップマンとメルツの論文の価値を公正に評価し、デモクラシーにとって真実の報道がいかに大切かを認めた点である。このことは後に二人のジャーナリストが言論界で占めた地位によって推し量ることができる。リップマンもメルツもそれぞれNYTなど主要紙の編集の責任あるポストに就き、長くアメリカ国民とジャーナリズム界から信頼と尊敬を集めたのである。このNYT批判の大論文を書いたのは、リップマン30歳、メルツ27歳の時であった。彼らは、3年間（36か月）の1000号を超えるNYTの刊行分から、ロシアで起こった大動乱に関する3000を数える記事（論説以外）を綿密に検討し、いかにNYTの記事が虚実をない交ぜにした「報道」であったかを検証したのである。

このリップマンとメルツによる「メディア内部からのメディア批判」の論考は、*Killing the Messenger : 100 Years of Media Criticism* (edited by Tom Goldstein, Columbia University Press 1989）に収められている。このアンソロジーには、20世紀のメディア批判のさまざまな記事・論文・演説が集められており読み応えがある。タイトル Killing the Messenger は、悪い（不都合な）ニュースをもたらした伝令を（その伝令には何の責任もないのに）王様が殺してしまうという話に由来する。王様に殺されないために、伝令は耳に心地よいニュースを届けるようになることを暗に示しているのだ。

この伝令と王様の話の出典を調べると、似たような文句がいくつかの古典文学の中に現れている。ソフォクレス、プルタルコス、シェイクスピアなどにその例がある。プルタルコス『対比列伝』「ルクルルス」には、アルメニア王ティグラネスが、恐るべき強敵（ルクルルス）の接近をはじめて彼に知らせた者の首を刎ねたと記されている。この王様の心の動きはわれわれの日常感覚にも通ずるものがあるだろう。例えばある人が、あなたの親しい友人の悪口を言ったとする。それをあなたは友人に伝えられるだろうか。恐らく言えないだろう。なぜか。それはこの場合、あなたが悪いニュースを持ってきた伝令であり、それを聞く友人を王様にあてはめて考えれば明らかだ。あなたは王様に嫌われたくないし、殺されたくもない。だから事実を知ってもらうのが重要であっても、その情報は伝えたくないのだ。

この心理についてのアダム・スミスの次の解釈は分りやすい（『道徳感情論』第二部・第三篇・第二章）。悪い情報の伝達者というのは一般に不愉快であり、これに反してよい知らせをもたらす人に対しては、一種の感謝の気持ちを抱く。凶報の伝達者を悪運の創作者とみなし、吉報をもたらしたものを好運の創作者と考え、伝達者が報告説明した出来事そのものが、彼らの手で実現したのだと思ってしまうのだ。実際、洋の東西を問わず、勝利の吉報をもたらしたものが昇進を遂げるという慣習があった

ウォルター・リップマン
（1889年 - 1974年）

とスミスは指摘している。

人間の気持ちは不思議なものだ。不思議ではあるが事実なのだ。理性的に考えれば、悪い知らせや悪口は重要な情報提供であり、有難いアドバイスでもある。しかし多くの場合、人はそう冷静には考えない。悪い知らせ自体を不快に感じる。「真実は人を傷つけることがある」という単純な事実を認めるほど理性的にはなれないのだ。

2―ヘイト・スピーチ

人を傷つける言論として「ヘイト・スピーチ」の問題がある。言葉は時として暴力以上の破壊力を持つ。「ムチの一打は傷をつくらん、舌の一打は骨を砕かん」(『ベン＝シラの知恵』)という言葉もある。いわゆるヘイト・スピーチは、言論の自由と少数派の人権保護の間のディレンマとして、近年しばしば取り上げられるようになった。

2014年8月末、国連の人種差別撤廃委員会は日本政府の定期報告に対して、日本はヘイト・スピーチに毅然とした態度で対処すべく法制を整えるべきだとする調査最終見解書を公表した。日本は1995年に人種差別撤廃条約に加盟したにもかかわらず、外国人労働者への差別をはじめ人種差別デモなどが行われている状況は是正されるべきだとする勧告である。国連の各種委員会の勧告が常に適切なわけではない。なかには不十分な情報による事実誤認から出たものもある。しかしこの日本への勧告がひとつの重要問題を浮き彫りにしている点は無視できない。それは「何に対して法が禁止と懲罰で臨むべきか、何に対して説得がなされるべきか」の境界線をどう引くかという問題である。

注目すべきは、「デモの際に公然と行われる人種差別などに対して毅然と対処すること」が要請されている点である。デモは集団でおこなわれ、匿名性がある（この「匿名性」は、後で取り上げる「内部告発」問題でもひとつのポイントになる）。特にデモのように大勢であるがゆえに生まれる匿名性は、言論への責任を避け、「何を言っても構わない」という節操のない気分を醸成し、ターゲットとなったものへの憎悪感を増幅させる。

だが、何がヘイト・スピーチとなるのか、具体的にその条件を確定することは難しい。どの程度の憎悪の表出をヘイト・スピーチとみなすのか、明確な規準が存在するわけでもない。明らかなのは、デモクラシーのもとでは、国民が必要とする情報の散布、知る自由、言論と表現の自由を保障することが重要だとする考えが一方にあり、他方に、こうしたヘイト・スピーチによって社会的な少数派が受ける精神的苦痛を強調する立場があり、両者が対立していることだ。両者のバランスをいかに取るのか。具体的なケースに直面した場合、このデリケートなバランスのどちらに「分銅」を置くのか。前者は伝統的な古典的自由主義の「言論の自由」思想をベースとし、後者はヘイト・スピーチの犠牲者の人権擁護を重視するものである。「分銅」を置く際に配慮すべきは、「言論の自由」を権利として主張する者と、その対象（犠牲）となる者の間に「社会的な力の不平等」があるという点だ。

大まかに哲学的な分類を持ち出せば、ヘイト・スピーチの犠牲となる社会的少数派の「弱さ」を考える立場には、カントの道徳的普遍主義、あるいは「義務論」が根本にある。ある行為の帰結ではなく、その行為に内在する道徳性を重視するものだ。他方、「言論・表現の自由」を重視する立場は、J・ミルトン（1608-1674）の『アレオパジティカ』やJ・S・ミル（1806-1873）の『自由論』に代表される古典的自由主義を背景とし、「言論の自由」がもたらす知識の進歩を考慮する功利主義的な色彩が濃い。この二つの思想の対立は現代まで綿々と続いているのだ。

とくに英米社会では古典的自由主義の影響が概して強い。筆者もイギリスのテレビで、政治家に対して侮辱的な言葉が浴びせられているのを観て驚いたことがある。英国社会では言論やアイディアの市場を自由にする（規制を少なくする）ことの社会的利益の大きさに眼を向けているからだろう。本書の第1章でも述べたように、人間の知識が不完全であり、たえず誤る可能性があり、唯一の真理を現在手にしている人や国民が存在しないのであれば、議論や実験によって知識への扉をつねに開いておかなければならない。人々の意見や考えの相違、不一致、あるいは「一致への強制がないこと」が人間知性開発の最良の方法であり、人間がもし意識的に（あるいは強制されて）共通の統一目標だけを追求してきたならば、現在われわれが手中にしている質と量の知識や技術は、とうてい生まれなかったと考えるのだ。

3　冒瀆と中傷以外は出版できた

　ギリシア人たちは、ソクラテスが対話で示したように、「弁証法」こそが真理に到達する最も有効な方法であることを発見した。自由に語る権利を保障することは、真理の獲得、善い社会の形成にとって欠くべからざる手段の一つだと気付いたのである。建設的な批判は、誤れる追従よりも善いとし、「言論の自由」を、それがもたらす帰結の面から擁護したのである。

　古代ギリシアやローマでは、検閲によって言論が封じられることはなかった。もちろん神に対する冒瀆や無神論的な言辞、あるいは他人の名誉を棄損する誹謗・中傷の書き物が焼かれ、その作家が罰せられることはあった。しかしそれは、その著作が公にされてから後の処置であって、事前に検閲されて出版が差し止められるということはなかった。辛辣な風刺や猥褻な表現が取り立てて咎められることがなかったことにも注目したい。

　検閲を制度として導入したのは、異端審問が行われた時代のキリスト教教会であった。古代教会では、「異端」よりも「異教」の書物に教会が神経質になったと言われるが、宗教改革以後は「異教」よりも「異端」に対して教会は身構えるようになった。16世紀半ばのトレントの第19回公会議（1545‐1563）では『禁書目録』作成のルールが確立された。「トレント公会議の禁書目録のための基準（Dominici gregis custodiae）」を見ると、異端者たちの書物の

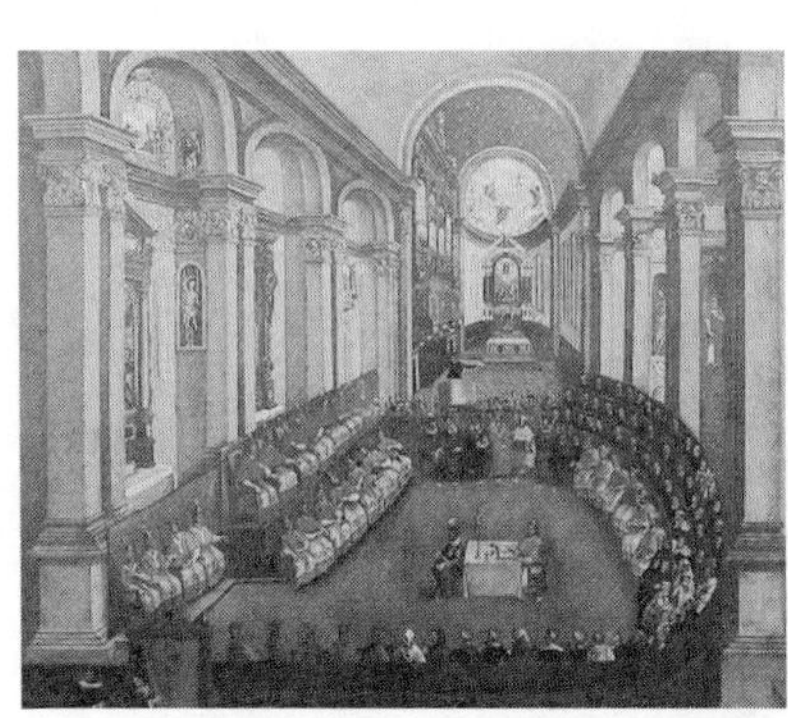
トレント公会議。カトリック教会が、宗教改革の動きに対応するため、神聖ローマ帝国領トリエント（現イタリア領トレント）で開催した。

排斥、旧約・新約聖書の原文（ブルガタ訳）以外の翻訳の制限、占いや呪術を含む書物の禁止が「規準」として含まれている。『禁書目録』にある書物を読み、または所有したものは、直ちに「破門」という（当時は社会から抹殺されるような）制裁を受けるとされた。これは教会の立場からすれば当然であろう。ただ、淫乱かつ猥褻なことだけを取り扱っている書物（ポルノ）は全面的に禁止されているものの、「古典の著作者によって書かれたものは、その文体の優雅さと正しさのために許される。ただし、子供に決して読ませてはならない」としている。簡単に言えば、ポルノは禁止するが、ポルノ的な表現を含む芸術作品や古典はＯＫ、ただ子供には読ませるなということになろうか。

こうした『禁書目録』は、ひとつの宗教的な権威に服している者に対して、その教義に反する思想を説く書物、道徳的見地から相応しくないと見做される「すでに出版された書物」を読んだり所有したりすることを禁ずるためのものであった。異端の書物は読むな、というわけだ。しかしその書物の出版自体を禁じているわけではない。つまり「出版の禁止」と「禁書目録の作成」とでは禁止のレベルが異なるのだ。

問題は、出版・印刷のための原稿を事前に検閲することが、いかに人間と人間社会にとって不利益をもたらすかという点にある。事前の検閲を求めたがるのは、「自由に語ること」にはさまざまな政治的影響が生まれると考えるからだ。特に「権力」の座にあるものにとって、言論の自由は自分の持つ権力への脅威となりうる。

しかし異端の書物を読むことを禁じたカトリック教会は、17世紀以降、知的頑健さを急速に失って行ったようだ。なぜなら異端の書物が禁じられたために、異端に対する反論能力を衰弱させてしまったのだ。この点を指摘して、教会を厳しく批判したのはイギリスのJ・ミルトンであった。彼は、どんなよい書物でも、よこしまな心には悪をつくる機会となり、悪い書物でも思慮分別のある読者には善いことが多くわかり、悪い考えを論破し、前もって警戒し、善きことを例証するのに役立つとして、検閲への強い反対意見を『アレオパジティカ』で展開したのである。

4―ミルトンの『アレオパジティカ』

近代の自由の母国、イギリスにおける自由を求める闘争の歴史を振り返ると、「言論の自由」が生みだすその政治性を知ることができる。1642年に始まった清教徒革命は、それまでの王制下における厳しい出版物の検閲システムを解体し、印刷と出版を自由にした。しかしその結果、様々な異端妄説が蔓延し始める。そして王党派の逆襲に対応しきれなくなった長期議会は、1643年に検閲条例（Licensing Order）を定めざるを得なくなる。いかなる書物も、まずもって当局によって許可されたものでなければ印刷し販売してはならない、という条例だ。

この検閲条例に対して、清教徒であり共和主義者であったミルトンは、『アレオパジティカ』（1644）と題する激しい抗議の条例撤回要求（無検閲）の意見を書き上げて出版した。それはイングランドの内乱（English Civil War）の最中、激動の時代に出版された文字通り命がけの抗議であった。実際、当時は、チャールズ1世の圧政を表だって批判すれば、星室庁によって耳や鼻をそぎ落とされ、指を切られ、街頭の曝し者となり、投獄され財産が没収されるというような恐怖政治の時代であったのだ。

ミルトンはまず「あらゆる種類の本」を読むことの重要性を指摘する。悪書からも、異端の書物からも、われわれは何が誤りかを学び、「真実とは何か」を知ることができると主張する。神はすべての人間に理性、自由意志、良心を与え給うたのであるから、その本の中の考えを拒否するかどうかは、権力者ではなく読者自身の判断に任せるべきだと言う。誤謬が必ずしも人間を堕落させるわけではなく、誤謬に遭遇することで有徳な行動が生まれることもあるという。

印象的な一節を引用しておこう。

「善と悪との知識が、喰いついて離れぬ双生児としてこの世へ跳び出して来たのは、味われた一個の林檎の皮からである。そして恐らくは、これこそアダムの陥った運命、善悪を知る、換言すれば悪によって善を知るようになったあの運命なのである。それゆえ人間の現状を以てしては、悪の知識なくして、何処に選択する智慮があり、何処に差控える節制があるか。悪徳とその持つあらゆる誘惑と外観的の快楽とを理解・考察し、しかも節欲し、しかも識別し、しかも真によりよきものを選ぶことのできる人こそ、真実の戦うキリスト教徒である。一度も打って出て敵にまみえることなく、塵にまみれ汗を流して後不滅の栄冠が贏(か)ち得られる競争場裡から、こそこそ逃げ隠れるような、訓練されず、鍛錬されず、退嬰的・逃避的な美徳を、私は讃えることはできない」(ミルトン『言論の自由——アレオパヂティカ』上野精一・石田憲次・吉田新吾訳、岩波文庫、25 - 26頁)

ジョン・ミルトン
(1608年 - 1674年)

ミルトンによる言論の自由の弁護論には背景として、キリスト教の神学思想、特に、人間の不完全な判断力と神の完全性への強い信仰がある。「悪を知らずして完全な徳を体得することはできない」という認識に注目すべきだろう。これを「知」の世界について言うと、誤謬の精査なくして、神の真理に近づくことはできないということになる。こうした考えは、彼がイタリアでガリレオ・ガリレイに会ったことも影響しているはずだ。1638年9月、イタリアに遊学した青年ミルトンは、地動説を唱えたために宗教裁判によってアルチェトリで軟禁されていた晩年のガリレオに面会する。そのとき74歳のガリレオはすでに両眼を完全に失明していた。しかし逆境の中で、「自分は不幸でも惨めでもない、勝利者だ」とミルトンに語りつつ、天体について熱心に語ったという。真理への飽くなき欲求が人に満足と幸福をもたらすことを、ミルトンははっきりと知ったに違いない。

さらにミルトンは『アレオパジティカ』で次のように述べている。たとえ書物を禁止しても、口頭で広がるから、検閲は無益であり、効果的に実施できるものではない。おまけに、検閲は学問をする力と議論する能力を低下させる。そして誰を検閲の「監視人」とするのか、その「監視人」を誰が選ぶのかという難問を検閲制度は解決していないと言う。

書物の生殺与奪の権を握る人はいかなる資格を持たねばならないのか。「普通以上に学問に熱心で学識があり、思慮分別が備わっている」者でなければならない。さもなければ許可に関する判断を誤る危険性がある。しかも検閲のためには多くの出版物を読むことに膨大な時間を費やさねばならない。すると、そうした仕事に従事しうるほどに、時間が貴重でない者によって検閲はなされざるを得ない。ミルトンは、結局、検閲官の職には「無知、傲慢、ずぼら、あるいは金銭ずくの人」だけが就きたがり、彼らは「俗受け」するもの以外は通さないように命ずると予想する。フランシス・ベーコンの言葉「官許の書物は時勢の言葉に過ぎない」の引用がその点を一言で要約している。

5―道化師はいなくなった

国民の知る権利と国家の特定秘密保護の相克は、デモクラシー国家の変わらざる重要課題であろう。さらに表現する側の問題として、言論の自由も思想・信条の自由も、他者の名誉や自己の品位を傷つけない限り、最も大切にされるべき価値であることには変わりない。精神の自由がいかに人間にとって不可欠かは強調してもし過ぎることはない。

しかしこうした自由は、法律による不当な制限を警戒すればこと足れり、といった性格のものではない。同じく用心すべきは、はっきり意識されないまま「空気」によって言論の自由が侵されてしまうという危険性だ。異論なら何が何でも排除するという姿勢は危うい。

E.M.フォースター
（1879年－1970年）

この点を英国の作家E・M・フォースターは巧みに論じている。１９３５年6月21日のパリにおける国際作家会議で彼は「イギリスにおける自由」と題するスピーチを行っている。この会議には、全体主義が台頭する中、世界38か国250名の作家・知識人が参集し、5日間にわたり当時のヨーロッパの言論界の現状について意見を戦わせた。ファシズムの文化破壊からいかにヨーロッパを護るか、あるいは文化と政治の関係などについて、対立と確執をはらみつつ厳しい討論が重ねられたのである。参加者として、A・ジッド、A・マルロー、E・M・フォースター、R・ムージル、B・ブレヒト、B・パステルナークなどが名を連ねている。これらの顔ぶれを見ると、ヨーロッパの一体性と文化統合は、「言論の自由」の擁護という点では、すでにはるか昔から意識され、議論され続けてきたことがわかる。会議の全貌は『文化の擁護─1935年パリ国際作家大会』（相磯佳正他編訳、法政大学出版局）と題した邦訳によって知ることが出来る。

この会議の中で、フォースターはイギリスにはファシズムの危険はあまりないと言いつつ、われわれを脅かしているのは、それよりもっと陰湿なもの、「漸進的ファシズム（Fabio-Fascism）」とでも呼ぶべきものだと指摘する。合法的な仮面をかぶった専制政治の精神が、遂には反対意見を手なずけたり誑（たぶら）かしたりするようになることだ。「世論」やメディアがいつの間にか専制君主となり、事前にプレッシャーを感じとり、書き手や話し手が進んで「自己検閲」をしてしまうことこそ恐ろしいと言う。

フォースターはデモクラシーの賛美者ではあっても、無条件でデモクラシーを崇め倒すことなく、次のような冷めた礼賛の言葉を投げかける。「民主主義には二度万歳をしよう。一度目は、多様性を許すからであり、二度目は批判を許すからである。ただし、二度で充分。三度も喝采する必要はない。三度の喝采に値するのは『わが恋人、慕わしき共和国』だけである」（「私の信条」）この言葉は、現世に存在する人間の行動規範を考えれば、どうしてもその精神基盤としての「寛容」が必要であると同時に、宗教的・神秘的な想像力の必要性をも説いていると解釈できる。こうした姿勢は、宗教改革の狂信的な精神に与しなかったために新旧両派から罵倒されたエラスムスやフランスのモラリスト、モンテーニュの「寛容の精神」と軌を一にしている。

「漸進的ファシズム」は全体による全体の支配であり、メディアの発達した現代に特にその危険性が強まった現象である。中世英国の王様には宮廷道化師（フール、jester）がいた。フールは王様に雇われたエンタテイナーで、おどけた調子で世間や王様を風刺した。王様に知らせたくないことを伝え、王様を皮肉り批判できた。こうしたフールは「職業的な愚者」であり、王様の行き過ぎや誤りを批判するのが仕事だった。現代の権力者のそばには批判者としての「フール」はいない。国民全体が批判精神のない文字通りの単なるフール（fool）になってしまう危険性があるのみだ。まわりにイエスマンや「茶坊主」だけを集める権力者は国を誤らせる。そうした知恵から生まれたのが宮廷道化師なのだ。クロムウェルの清教徒革命以降、共和国の出現と共にフールは姿を消した。

6―スノーデンは反逆者か

「これを言うことは組織への背信行為ではなかろうか」、「いや黙っていることはよくないから言うべきだ」、こうしたディレンマに遭遇することが考えられる。組織内の秘密の悪行を明らかにすべきかどうかという問題だ。特に現代の産業社会では、企業などの大組織で働くものが内部告発を行うべきかどうかの板挟みにあうことがある。こうした問題に対処すべき法整備が1990年あたりから先進国で進むようになった。いわゆる「内部告発者(whistleblower)」の法的保護である。

例えば、自分の働く企業で犯罪となるような法律違反行為があることを知ったとしよう。それを公にすべきかどうか迷うかもしれない。素朴な道徳観からすれば、悪は当然告発されるべきだ。しかし告発したことが分れば、その人は、組織の中でさまざまな不利益を被る可能性が生ずる。日本でも10年前、そうした不利益から通報者を守るための法律ができた。「公益通報者保護法」である。

この法律の条文は問題の複雑さを語っている。保護される対象は「労働者」であり、企業組織内で指揮・管理・監督を受ける立場の者に限定される。通報される「事実」は、法律・政令の違反行為であるが、刑罰で強制されねばならない重大なものだけであって、すべての法規制の違反行為を含むわけではないとしている。注意を要するのは、この法律に「公益」という言葉が入っている点だ。ある事実を告発することが、「公益」に適っているかどうかが、通報者が保護されるべきか否かの基準になるのだ。

「組織への忠誠心と正義、そのどちらを優先させるべきか」が問われる。その場合、法で護られるべきは「公益」であるから、その「公益」のために通報者の言論の自由は法的に護られるべきだという論理になっている。

エドワード・スノーデン
(1983年 -)

ところがこの「公益」という概念がなかなか厄介だ。その難しさを示す最近の例として「スノーデン事件」がある。この事件の主人公、エドワード・スノーデンは米国籍を持ち、中央情報局（ＣＩＡ）、国家安全保障局（ＮＳＡ）の局員として政府の情報収集活動に携わる情報工学技士であった。彼はＣＩＡでコンピューター・セキュリティーの仕事に携わり、次いで横田基地でＮＳＡ関連の業務に従事していたという。これらの仕事を通して、スノーデンは米政府の情報収集の悪辣な手法を知るようになった。そして２０１３年6月、香港で英紙『ガーディアン』に米国政府の個人情報収集の手口を暴露したのである。米国政府が国内で月に30億件、全世界で９７０億件にも及ぶインターネットと電話回線を傍受しており、こうした盗聴行為において通信事業関連のＩＴ大企業が協力させられていたことも明らかにした。

軍事や警察の仕事には情報収集が必要なことは誰しも知っている。事実、オバマ大統領はこの問題が露見した際、「諜報機関を持っている国ならどこでもやっていることだ」とコメントしている。スノーデンが暴露したことのなかで、いわゆる米国の同盟国、日本、フランス、イタリア、韓国などに対しても諜報活動は行われ、ドイツのメルケル首相の携帯電話まで長年盗聴されていたことに驚いた人は多い。

米連邦捜査局（ＦＢＩ）は情報漏洩罪などの容疑で事件の捜査に乗り出す。スノーデンは、「表現の自由」が保障されている国への政治亡命を求めたが、結局、ロシアに有期限の居住権を得ることで今は落ち着いており、スノーデン事件のその後の展開は明らかにされていない。だが、ロシアが「表現の自由」を保障する国だとは誰も思わない。そこにはさまざまな政治的判断があったはずだ。

このスノーデンのケースは、「言論の自由」をめぐる公益（この場合は「国益」）の問題をはっきりとあぶりだした。スノーデンは「内部告発者」なのか「裏切り者」なのか。事件が明るみに出た直後のアメリカ国内の「世論調査」では、「スノーデンは内部告発者」だとする人々の数が過半を占めている。

社会主義国家はもちろん、リベラル・デモクラシーの国家も情報の収集と諜報活動を行い、ときに検閲が必要になることは歴史が示す通りである。筆者が見た映画『ブリッジ・オブ・スパイ』も冷戦期の旧ソ連と米国のスパイ交換の実話をベースにした作品だ。敵と戦っていると、その敵に似てくるというのは、人間だけでなく国家についてもあてはまる。外交も戦争も、基本的には情報合戦であることは改めて指摘するまでもない。共産主義の浸透を強く警戒していた戦前の日本に検閲があったことは思想弾圧の時代を生きた者は体験済みである。しかし戦後の日本にも、占領期に相当な規模の検閲がＧＨＱによって行われていた。ＧＨＱの参謀第二部のあった民間検閲支隊が１９４７年時点で日本人を中心に４千人から６千人の検閲官を雇い、通信傍受などを行っていたことが明かにされている（江藤淳『閉された言語空間』文藝春秋）。言論の自由や通信の秘密が定められている新しい日本国憲法が施行された１９４７年５月３日以降も、徹底した検閲が行われたのは、占領という特異な状況の中であっただけでなく、米国のソ連に対する警戒心の強さゆえであったと思われる。

７―勝ち取られた自由の重さ

近年、ＰＣ、すなわちPolitical Correctnessという言葉が流通しているように、アメリカ社会では、用語における差別・偏見を取り除くために政治的な観点から見て公正・中立的な用語を使う運動が盛んになっている。しかし伝統的には、他者を傷つける言葉や表現に対して米国

アメリカ憲法修正条項「権利の章典 Bill of Rights」

は最も寛大な社会だと言われてきた。したがって、言論によって傷つく人々をどのように護り、救済すればよいのかが問題となることがめずらしくなかった。徹底した「言論の自由」の信奉者は、「それは言論が市場で交換されることに付随するコストであって、それによってもたらされる効用の総体が多ければ致し方がない」という功利主義的見解に徹する。しかし功利主義的な見地に立ってみても、他者を傷つける言論が社会全体の効用（福祉）に対して短期的・長期的に必ずプラスになるとは限らない。

にもかかわらず言論の自由をなぜ守らねばならないのか。もちろん、言論の自由は人間にとって大切な精神的な価値であることは確かだ。そしてそれぞれの国にはその自由を勝ち取ってきた歴史がある。それぞれの歴史的経緯が、すべての国に共通に妥当するような普遍的な解の普及を難しくしている。

米国の場合、言論の自由は、人権保障規定として憲法の「修正条項（Amendment）」の形で最初に規定された「権利の章典」に含まれている。この「権利の章典」は、10か条の修正条項からなるが、その修正第1条が「信教、言論、出版、集会の自由、請求権」に関する規程である。この条項の意味は重い。憲法草案が議論された時、国民の自由を保障する「権利の章典」

がないことを問題とする者が多かった。憲法制定会議での討議は4か月と短く、「権利の章典」について十分な討議がなされなかったのだ。そこで憲法制定直後の1789年第1回合衆国議会で「権利の章典」は提案され、1791年12月に施行される。

「権利の章典」の中でよく知られているのは、人民の武装権を保障した修正第2条（「規律ある民兵は、自由な国家の安全にとって必要であるから、人民が武器を保有し、また携帯する権利は、これを侵してはならない」）である。米国で銃犯罪が起こるたびに、銃の所持を制限する法律の必要性が議論の俎上に上る。しかしそれが立ち消えになるのは「権利の章典」がなぜアメリカ社会では必要となったのか、その歴史的な文脈での解釈に立ち戻るからだ。さらに銃の保持が銃犯罪を招くという単純な因果関係がないことも指摘される。事実、世帯当たりの銃保持率が米国同様に高いカナダでは、銃犯罪の発生率は著しく低いと報告されている。

この憲法修正条項は「権利の章典 Bill of Rights」と名付けられていることから分るように、英国の「権利の章典」の精神が色濃く反映されている。イギリス名誉革命（1688年）の翌年成文化された「権利の章典」は、イギリスでは現在でも有効であり、イギリスの不文憲法の根本法となっている。新しい国家である米国の憲法は、成文憲法としては世界で一番古い。英国の自由の歴史にも、米国の自由の歴史にも「勝ち取られた自由」という点での連続性がいまだ存在するのだ。

8―「出版の自由」は言論を弱める？

これまで「言論の自由」を、他者を中傷したり名誉を棄損したりしない限り、守られるべき人間の基本的な権利だという前提で話を進めてきた。そしてこの権利の行使によって傷つく弱者をどう扱うのか。この問いに対して二つの立場があることを示した。少数派への精神的苦痛を社会全体にとっては「止むを得ない」とみなす立場と、人権侵害が起こらないように規制すべきだという立場である。ただ、この規制には、社会全体から見ると思わぬ効果が生まれることを指摘しておく必要があろう。特に「出版の自由」に関して、先に挙げたミルトンの考えに修正を迫るような見解が示されている。それはフランスの政治思想家トクヴィルが『アメリカのデモクラシー』で指摘した次の点である。彼は言う。

「白状するが、私は出版の自由に対して、その本性上このうえなく良きものに対して人がいだく、全幅でためらいなき愛を覚えるものではない。私がそれを愛するのは、それが生む益のためというよりは、それが妨げる禍（わざわい）を考えるからである」（第2部第3章「合衆国における出版の自由について」／『アメリカのデモクラシー』第1巻下、松本礼二訳、岩波文庫、22‐23頁）

その理由は、次のような状況を想定すれば明らかだと言う。いま言論が乱れ、言いたいことが放縦に語られ、それに対して何らかの秩序の回復が求められているとしよう。そのような状況に対して、いかなる解決策が考えられるか。トクヴィルは次のように考える。

「著作家を専門の司法官の手で取り締まるとする。だが裁判官は、刑を言い渡す前に言い分を聞かねばならぬ。本に書くのはためらわれるようなことでも、口頭弁論では堂々と述べて罰せられない。こうして本来、一冊子の中で秘かに言われるはずだったことが、たくさんの本に繰り返されることになる」（同23頁）。

つまり言論は統制できないどころか、制限するとかえって広がる可能性があると言うのだ。言論というものの持つこの不思議な逆説的な力を見逃してはならないとトクヴィルは指摘する。言論は、少数であればあるほど、力を発揮するという特性を持つ。弾圧されればされるほど、その思想や言論が広く支持を集めることは、帝政ローマ時代のキリスト教を始め、宗教改革時代のプロテスタントへの弾圧、その後の様々な歴史上の思想運動を思い浮かべれば明らかだ。日本の戦前期のマルクス主義に強く傾斜した社会科学を考えればさらに分りやすい。弾圧されたがゆえに、地下にもぐりさらに広がり、戦後も強い影響力を発揮したのである。

「あらゆる物質的な力と反対に、思想の力はしばしば、まさにこれを表明する人の数が少ないことによって増大する。たった一人の有能な男の弁舌がもの言わぬ議会の情熱に触れれば、無数の雄弁家の混乱した叫びより大きな力を発揮する」（同24頁）

権力者が、自分に不都合な言論と出版を弾圧・統制すれば事はうまく運ぶと考えているとすれば、それは愚かだとトクヴィルは指摘しているのだ。統制や検閲で言論が力を得ることがある。逆に、言論が「自由」を越えて「野放し」になった社会では勁い言論が生まれることはない。彼が「出版の自由」に対して「全幅でためらいなき愛を覚えるものではない」とする一方、検閲や統制がもたらす禍いを考えると「言論・出版の自由」を支持せざるを得なかった点に、自由が持つ二面性のディレンマという問題の複雑さ難しさが読み取れるのだ。

第7章　賭ける自由と経済発展

人間の知識が不完全である以上、人は未来に向けてつねに不確実な状況での思考と行動を迫られる。いかに多くの時間とエネルギーを費やしても、結局どこかの時点で「賭け」なければならない。この「賭ける」という行為は、われわれに期待や不安をもたらすが、同時に悪徳への道に通じることもある。法や慣習が「賭け」を、どこまで、どのようなルールで許容するのか、その枠組みを整えながら経済は豊かな発展をとげてきた。

カラヴァッジオ作「トランプ詐欺師」。不確かさを好む人間は、賭け事を愛する。
熱中が度を越すと、さまざまな悪徳に手を染めることもある。

1―不確実性は人生の悦びか

どんなに美味しい高級料亭の食事でも、連日となると食指が動かなくなるのではなかろうか。習慣として毎日のように食べるご飯やみそ汁は、取り立てて自らの美味しさを主張しているわけではない。簡単に用意できるもの、強い個性を主張しないものを毎日食することが生活の知恵なのだ。

ではなぜ「簡単に用意できるもの」として、インスタント食品やファスト・フードを朝食のメニューにしないのか。インスタント食品にも美味いものがある。朝食の白米もみそ汁もインスタントで済ますことはできる。そうしないのはなぜか。それはインスタント食品は食べ続けることができないからだ。なぜできないのか。味がいつも完全に同じで、その味を確実に予想できるからではないか。インスタント食品には「不確かさ」が存在しないのだ。

人間は結果が完全に予測できることに対しては満足感を抱かない。そこに自由を求める人間の心の傾きのひとつがあるように思う。不確定なことを予想し、それが実現すれば喜ばしい。よい結果か、悪い結果か、その帰結自体から正か負の効用を得るのみならず、リスクと不確実性に対して「賭ける」ことからも人間は効用を感じ取っているのだ。

もちろん、不確実な将来に賭けることを好まず、変化を拒否し、決まったことだけを受け入れるという性向の人もいる。ルーティンの事柄だけに精神の安定を見出すこともあろう。しかし「不確実性と期待は人生の悦び」としばしば感じるのも事実なのだ。そうした不確実性を好む人々によって、恋愛や経済活動のドラマは展開するのではなかろうか。

ウィリアム・コングリーヴ
(1670年 - 1729年)

筆者はこの「不確実性と期待は人生の悦び」(Uncertainty and expectation are the joys of life.)という言葉を、ほぼ半世紀前に経済学の本で知った。青山秀夫先生の理論経済学演習で、現代の経済学の体系化に大きな貢献をした英国の経済学者ジョン・ヒックス(1904 - 1989)の名著『価値と資本』を、2年間で2度にわたって熟読したときのことだ。この「不確実性と期待は人生の悦び」という言葉が、同書第4部「動学的体系の運行」の扉のエピグラフとして記されていた。17世紀末から18世紀初頭に活躍したイギリスの劇作家、ウィリアム・コングリーヴの喜劇 *Love for Love*(1695)からとある。もちろんコングリーヴなる作家の名前は全く知らなかったし、ましてやその作品を知る由もなかった。後日、彼が英国出身で、アイルランドで教育を受け、『ガリバー旅行記』で有名なジョナサン・スウィフトと交遊し、終生の友となった人物であることがわかった(この2人の皮肉屋と風刺家の辛辣な会話を聞いてみたい気もするが、少し怖くもある)。

コングリーヴの「不確実性と期待は人生の悦び」という言葉が、普通見過ごされがちな人間の感情のひとつを見事に言い当てていることにいたく感心した。その共感は、大学生であった当時興じていた麻雀という遊戯から得ていた実感を裏書きされたからだ。

2 過ぎたるは猶及ばざるがごとし…

筆者が麻雀から学んだことはいくつかある。ひとつは、この世の物事と同様、ゲームにも運とツキの「流れ」があるということ。予期せぬ好運が一挙にやってくることもあれば、どうもがいても何をやっても状況が打開できないという局面がある(したがって「降りる」ことも時には必要なのだ)。そして、何度も長くゲームを続けると、結局は技量のある者が勝っているということ。もうひとつは、ゲームが過熱して来ると、意外な人が時に平気で「シラを切る」ということだ。この点は、賭け事につきまとう「負のイメージ」と関係してくる。熱中が度を越すと人は正直さを失い、本人や家族だけでなく社会にも悪弊をもたらすことがある。したがって賭け事そのものよりも、熱中し過ぎて自己統制力を失い、悪徳を生み出すという点に問題があるのだ。

「賭け事」と「賭け事が生み出す悪徳」は区別しなければならない。それは「愛情」と「過度の愛情が生み出す悪徳」との区別にも言えることだ。愛情は尊い感情であるが、シェイクスピア『オセロ』の例を引くまでもなく、愛情も度が過ぎると独占欲と嫉妬が生まれ、恋する者は冷静な判断力を失う。愛は人を殺すことさえある。

「賭ける」ということが悪徳なのではない。「賭け事に過度に耽る」ことが悪徳を生み出すのだ。この点は、なぜ賭博や富くじが「犯罪類型」のひとつとされているのかを考えるとよくわかる。

　日本の刑法は１８５条、１８６条、１８７条で、賭博及び富くじ行為は犯罪であると規定している。これらの条文はいかなる法益を保護しているのだろう。簡単に言えば、過度の射幸心がもたらす害悪から国民を守り、健全な経済生活の風習を保持するため、というところにある。勤労意欲の衰弱や副次的な犯罪が公序良俗へ悪影響を及ぼすことを食い止めるためなのだ。

『六法全書』を見てみると、１８５条の本文には、賭博をした者は、50万円以下の罰金又は科料に処せられるとある。そして但し書きが「一時の娯楽に供する物を賭けたにとどまるときは、この限りでない」となっている。主に常習の賭博が問題となっていることは推定できる。そして１８６条で、「常習として賭博をした者は、3年以下の懲役」に処せられ、2項では、賭博場を開張（ママ）し、または博徒を結合して利益を図った者は、3月以上5年以下の懲役に処せられると規定している。プロの賭博師となると、「一時の娯楽」ではなく闇の世界、黒い世界に近づいてくるので、「賭ける自由」の範囲を逸脱することは明らかである。

では「富くじ」はどうなのか。富くじは、番号が記された札や券を販売して、その後ランダムな方法で当たりくじを決定、「等級ごとに」購入者に対して賞金を（不平等に）分配する行為である。「等級」によって当選確率はもちろん異なる。各々の賞金額にその当選確率を掛け合わせた額をすべての等級について足し合わせたものが、購入者にとっての富くじ一枚の「期待値」（expected value）となる。富くじの主宰者（「胴元」、たとえば「みずほ銀行」）にとっては、賞金総額に宝くじ事業運営の費用を足し合わせた額がその宝くじ事業の総費用となる。富くじ一枚の価格がこの「期待値」を大きく上回ることは言うまでもない。愛好家は、「期待値」よりもはるかに高い宝くじを買って、そのくじに託した「夢」の代金をも支払うのである。「富くじ」では、購入者はリスクを負担しているが、完売すれば主宰者側にはリスクはない。「富くじ」は古くから市民の楽しみの一つであった。古典落語のなかにも「富くじ」が出てくる演目があり、市井の人間の欲や愚かさという「美徳」が滑稽に語られている。はるか昔のことではあるが、筆者も落語好きの先

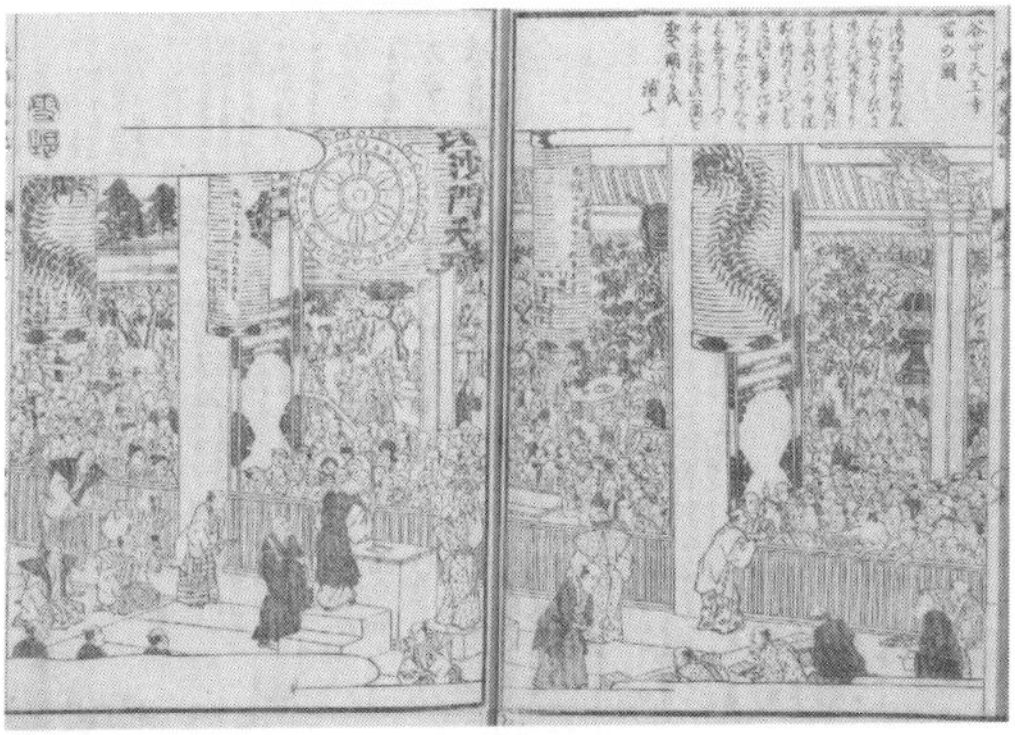

「谷中天王寺富の図」『東都歳事記』より

輩に薦められて、「御慶」、「宿屋の富」などを楽しんだことがある。

3 「合法的な賭け」としての投機

賭けは度を越さなければ楽しいとは言うものの、その「度」がどの辺りなのか、境界線ははっきりしない。そもそも、ある賭け事は違法であるが、別の賭け事は合法とされ「投機」と呼ばれ白昼堂々と行われているのはなぜか。競輪や競馬は合法なのに、賭け麻雀はなぜ犯罪になりうるのか。国が賭博事業を管理・経営しているではないか。パチンコでは現金引換えが禁じられているのに、競輪・競馬では換金が行われている。金融商品取引、商品先物取引、保険契約はなぜ認められるのか。これらの取引や契約も「度」を過ぎれば、犯罪を生み出すことがあるではないか等々、さまざまな疑問が生まれる。

この素朴な疑問に対して、「違法性阻却」という概念が答えを与えてくれるという。この生硬な法律用語は、「通常は法律上違法とされる行為でも、その違法性を否定する余地があること」を指すという。この言葉は記憶にある。

筆者が京都大学2回生のとき、商法学の泰斗、大隅健一郎先生が教養部で「法学」を講義された。火曜日の1時間目だったと記憶する。他の授業にはそれほど勤勉に出席してこなかっただけでなく、朝にはめっぽう弱かったが、1年間毎週朝早くから自転車でこの授業へ駆けつけたことを思い出す。大隅先生の講義で、この「違法性阻却」という言葉を初めて耳にした。例えば民法で、他人の不法行為から自己または第三者の権利を守る行為である「正当防衛」や「緊急避難」は不法行為の成立を否定する例だ。刑法に関して言及されたのかどうか記憶にはない。改めて法律の教科書を見ると、刑法でも、法令に基づいて行われる行為や正当業務行為は、刑法規定では違法性が推定されても、「違法性はない」とされる（つまり阻却できる）ことがあるという。したがって刑法185、186、187条に仮に該当しても、刑法35条の「違法性阻却」によって、合法性が確保されるとみなすのだ。この「違法性阻却」によって、先に挙げた金融商品、商品先物などの取引には「賭博」という言葉を使わずに「投機」と呼ぶのだ。

法律に疎い者からすると、「例外を認めれば、何でもOKということになるではないか」と言いたくもなる。こうした法律に対する漠然とした疑問を筆者は昔から抱いていた。必ず法には例外がある。いかに「法」を作りだしても、すべての事象をカバーすることはできないばかりか、すべての事の是非を厳密に同じルールで判断することはできないのだ。生きた言語を文法化しても、必ず文法には例外（時には例外の例外）があるのと同じように、法律も、現実の事象をすべて言葉で搦め捕ることはできない。必ずそこに「法の管理者」の恣意的な判断を俟たねばならない現実があるのだ（この点は、H・L・A・ハートの名著『法の概念』に見事な説明がある）。

この「違法性阻却」の法理によって、仮に違法性があったとしても、一部の賭けや「投機」

は違法とはみなされないのだ。しかし「違法性阻却」の事由が妥当か否かについては、いくばくかの恣意性・裁量性が入り込むのではないか。憲法が議論されるときの「自衛」の概念、あるいは「自衛」と「対抗措置」はどう違うのかといった解釈の問題も同じであろう。

4―投資は生産活動を通して収益を生み出す

では投機と投資はどう異なるのか。投機は、「将来売るために買う」行為であって、購入価格と売却価格との差益（キャピタル・ゲイン）を目的としている。そこには所有権の移転があるだけで、国民所得の増大に貢献するような「正」の要素はない。

この投機という言葉はもともと思索的な意味を持って生まれたとされる。辞書によると、仏教の言葉で、「指導者の機（人格的力量）と学人のそれが投合すること」、「仏法の玄奥にして肝要なる道理に相かなうこと」を指す。英語の speculation も、推測、推量だけではなく、思索や熟考を意味して用いられる場合がある。投機は思惑で買ったり売ったりするわけだから、「思索」とみなせないことはない。しかし日常感覚では、思索には、ロダンの「考える人」のような重さと真剣さがあるとの思い込みがある。一方、投機には、「売り逃げ」などのすばしこさを想像させるところがある。しかし投機はもともとは取引のリスクを小さくすることを目的に行われた。暴落しているときに敢えて買う、高騰しているときに敢えて売る、こうした行為が長い目で見れば平均収益にとってプラスになるという判断からだ。それが、次第にただ短期的な価格変動から収益を得る行動が意味の中心を占めるようになった。

他方、投資は、経済学では「不確実な将来の収益を期待しつつ、現時点で確実な額の費用を投下する行為」を意味する。ただ、この「投資」という言葉は、日常の言葉とは意味がずれている。株式や債券を買うとき、「投資した」と言うことがあるが、証券の売買は生産の拡大を可能にする資本形成（capital formation）ではない。経済学では、あくまでも実物資本や在庫の増加、つまり資本形成がなされた場合だけを「投資」とみなし、証券の売買のような投機とは区別する。

われわれの生活は様々な不確実性やリスクのもとで営まれているから、利益を求めて不確実な将来に「賭ける」という行為は人間の生活からは切り離せない。経済成長の重要なエンジンとなる投資は、将来の売れ行きを予想しながら、新技術を体化した新しい機械設備を購入することによってなされる。投資という「賭け」は、新たな付加価値を生み出すという意味で生産への貢献は大きい。

投資の概念は、物的資本だけでなく、人的な資本にも当てはまる。高等教育を受ける、新天地を求めて移住をする、といった行動は、「いま確定したコストを投下して、将来収益の増加に賭ける（期待する）」という投資の定義に一致する。教育支出や移住のための支出は経済学的には「投資」行動と見なされてもよいのだが、国民経済計算の統計（いわゆるＧＤＰ統計）ではこれらの支出（教育費、移住費）は消費支出に算入される。企業の資産としても「人的資本」は重要な資産だが、企業会計では「貸借対照表」の資産項目には入らない。その企業がどのような人材を抱えているか、どれほど優秀な技術者集団がいるのかは、企業資産の重要な要素であるにもかかわらず、資産として計上されないのだ。

いずれにせよ、投資にも「賭ける」という要素が存在し、賭けるからこそ、賭けに勝った者への報酬が存在する。「賭ける」自由があってはじめて、経済が活性化するのだ。この点から「投資」と「投機」を比較すると、自由な「投資」は生産拡大の可能性の道を開くということ、それに対して、株式や債券の売買のような「投機」は、資本の用途の効率化を促す機能（利潤率の高いところに資金が流れる）はあるものの、直接生産のための資本設備の増強を保証するものではない。その自由を認めても、「投機」による所得はあくまで「不労所得」なのである。

将来が不確実である以上、「賭けること」が経済生活と人間の生そのものに深くかかわっていることは改めて指摘するまでもない。「賭ける自由」が社会的に受容されるのかどうかは、現実にはその自由がもたらす社会的帰結を功利主義的な観点から判断するのが妥当なようだ。

この投資の問題を透徹した知性で、現実感覚を持って論じたのはＪ・Ｍ・ケインズであった。彼は『一般理論』第12章で投資の問題に取り組んでいる。興味深いのは、そして何よりも重要なのは、ケインズが「長期の期待」と「短期の期待」を分けていることだ。設備投資が将来収益に結び付くのかどうかを予想するのが「長期の期待」であるのに対して、一定の資本設備の下でどれだけ生産するのかを決めるのが「短期の期待」であるとする。前者は、企業家の長期的な経済環境についての確信の度合いが影響する。しかしその確信たるや、実は根拠の極めて薄いものにすぎない。1年先のことを高い精度で予測できる経営者はいない。そこで、投資の決定要因として持ち出すのが「アニマル・スピリット」なのだ。生得的な活動の衝動であり、合理的な計算もするが、しばしば気まぐれや感情や運に頼る、まさに「悪魔のように細心に、しかし天使のように大胆な」行動なのだ。

現代のように所有と経営が分離した経済社会では、証券市場が巨大な市場を形成している。この証券市場の肥大化によって、短期的な思惑で証券の売買を行うもの（投機家！）が増加し、金融システム、ひいては経済システム全体の安定性を損なう原因になっているとケインズは指摘している。投機は、それ自体は収益率の高い事業を探す行為だと見れば、経済全体にプラスの働きがあることは確かだ。しかし、証券市場の「投機」は、政治の世界でのデモクラシーが抱え込む問題と似た弱点を持っている。デモクラシーの下で選ばれる政治家と政策が人々の考える価値と必ずしも一致するとは限らない。ケインズが言うように、株価は必ずしも実質的な企業の将来収益性を反映しないこと、

ジョン・メイナード・ケインズ
(1883年 - 1946年)

すなわち「多数の無知な個人の群集心理の結果となる世間的評価」が必ずしも実質的な投資価値と一致しないという問題を抱えているからだ。

この「世評」と「実質」の乖離を説明する例が、有名な「美人投票論」だ。株式市場の人びとの行動は、自分が一番美人だと思う人に投票するのではなく、他の参加者が美人だと思う見込みが高い人に投票する。つまりすべての参加者の投票指針は「実質」ではなく「世評」なのである。

5―株式会社というアイディアの斬新さ

株式の売買は最も多くの人が経験する投機行為である。その株式は、「社員（株主）が有限の責任を負う営利社団法人」が発行する。株式会社は現代ではきわめて身近な当たり前の存在となった。しかしよく考えると、株式会社制度には実に大胆なアイディアが仕組まれている。この点は、株式を保有することの意味を考えれば明らかであろう。株式を持つということは、自分のお金を、さらに多くを取り戻せると期待しながら、その企業の経営者に託すのである。託された経営者は自分の利益を追求するのではなく、「受託者義務」に従って株主のために利益を追求するとの前提で企業活動を展開する。

しかしこの統治構造には根本的な困難が存在する。経営者が多額の利益を上げ、その中から、ゴッホの「ひまわり」を買って社長室に掛けていることを知れば、株主は不満を持つかもしれない。それだけ利益が上がっているのであれば、株主への配当に向けるべきだと。株主と経営者のこうした「利害の不一致」は、どのように解決できるのだろうか。この「所有と経営の分離」が生み出す不都合は、株式会社という企業形態に内在するディレンマとして現代でも未だ議論が続いている。

この点について、すでにアダム・スミスが『国富論』第5篇・第1章において鋭い分析を加えている。もちろんスミスの時代には、いわゆる現代的な意味での「株式会社」はまだ登場していない。彼が比較の対象としたのは、合本制で貿易をし、各社員が総資本に占める各々の出資持ち分に比例して共同の利益にあずかる「合本会社」(joint stock company)と「合名会社」(private copartnery)である。スミスの比較論(『国富論Ⅲ』大河内一男監訳、中公文庫、71-91頁)の概略は次のようなものだ。

合名会社では、どの社員も会社の承認なしには、自分の持ち分を他人に譲渡することはできない。その代り、各社員は適当な予告をすれば、退社して共同資本のうちの自分の持ち分を払い戻すよう会社に請求できる。

AN
INQUIRY
INTO THE
Nature and Caufes
OF THE
WEALTH OF NATIONS.
By ADAM SMITH, LL.D. and F.R.S.
IN TWO VOLUMES.
VOL. I.
LONDON:

アダム・スミス『国富論』
(1776年)

それに対して、国王の特許状によるか、または議会の条例によるかして設立される合本会社では、すべての社員が自分の持ち分の払い戻しを会社に請求できないが、その代わりに会社の承認なしで、自分の持ち分を他人に譲渡し、それによって新しい社員を加入させることができる。市場で売買される合本資本の持ち分の価値は、持ち分の所有者が会社の共同資本に対して持っている債権としての払込金額より高くなったり低くなったりする。スミスの時代の合本会社は現代の株式会社の原型とも言えよう。

スミスが指摘しているように、合名会社の各社員は会社が契約した債務に対して、自己の財産の全額までの義務を負う。いわゆる「無限責任」制である。合本会社の各社員が、自分の持ち分を限度とする義務を負う「有限責任」制であることと対照をなす。

特権が与えられていても（そして特権が無ければ尚更のこと）、巨大な資本を集めた合本会社の取締役は、他人の金の管理人であるから、合名会社の社員が自分の金を見張るときのように鵜の目鷹の目で他人の金を見張ることはない。それゆえ「多かれ少なかれ怠慢と浪費がつねにはびこること必定である」とスミスは喝破している。その例として、17世紀末の対アフリカの奴隷貿易を独占し、約10万人の奴隷を北アメリカ・カリブ海植民地に供給した英国の特許会社の「王立アフリカ会社」、ほぼ同じ時期に設立され、北米大陸のビーバーなどの毛皮貿易を展開した英国の勅許会社の「ハドソン湾会社」（現在も操業している）、そして奴隷貿易の特許会社として出発し、やがて金融業に転換、株価操作による「南海泡沫事件」を起こした「南海会社」などを挙げている。
会社は「法人」として、「自然人」同様に、権利を有し義務を負っている。「複数の人が作る集団が、個々の成員とは切り離された集合的アイデンティティを持ちうる」としているのだ。法人格が与えられた会社は、自己の名において事業を行い、財産を取得・処分し、契約を締結し、借り入れを行うことができる。この株式会社に法人格を与えるという考えが必要とされるようになったのは、会社が「訴えうる」、会社を「訴えうる」ことへの要求の高まりにあったと言われる。そして会社に法人格を与えることによって、会社の財産を株主個人の債権者から守ることができるという知恵を含んでいるのだ。

エドワード・マシュー・ウォード作「南海泡沫事件」。1720年に起きた南海会社株の急騰と暴落の大混乱は「バブル経済」の語源となった。

当たり前のように見えるが、「有限責任」制は、会社と、経営者・社員は別物、とみなす便宜的な取り決めに基づいている（この点については岩井克人『会社はだれのものか』（平凡社・２００５年）が株主主権論の批判として興味深い理論分析を行っている）。この「有限責任」制によって、株主は会社の債権者に対して自己の出資分を超えた責任を負わなくて済む。会社が儲かればその出資分に応じた分け前（配当）が得られ、会社が潰れれば、株券は紙くずになるが、それ以上の負担はない。「賭け」や「宝くじ」と似た性質を持っているのだ。

6 「賭ける自由」を富の創造へと昇華させる

有限責任制の株式会社という画期的な仕組みによって、企業家は比較的容易に多量の資金を調達できるようになり、この制度をいち早く導入した国々が歴史的にも経済成長への離陸に成功して行く。そして株式会社は近代世界の政治と社会・文化を大きく変えることになった。

株式会社は「所有と経営の分離」によって、株主は直接経営を行わず（無機能）、経営者（取締役会など）に経営権を集中させる。取締役は株主の投票で選ばれ、その取締役で構成される取締役会（board of directors）が経営上の意思決定及び業務執行の監督を行うという統治構造になっている。形式的には株主が会社を所有し、株主が会社を最終的にコントロールする権限を持つことが法的枠組みとしては保証されているのだ。しかし経営者が最大の努力を払って経営にあたっているかどうかを株主や債権者が監視することは容易なことではない。

そのため現代の株式会社は、経営者が株主の利益本位に働くようにいくつかの誘因構造を組み込んでいる。生み出された利益の一定割合を役員報酬にリンクさせる「ストック・オプション」制度はその例である。また企業は製品市場で他企業と価格と品質で競争をしているから、自社製品の販売競争に直面する企業は、生産費の削減に励まなければならないという現実がある。さらに経営者は、株価による経営者への評価や「買収の恐怖」に常にさらされているから、株価の下落を極力避けねばならない。

有限責任制は経済発展にとって極めて大きな役割を果たしてきた。出資しようとする者にとってのリスクを限定し、多数の出資者から広く資金を集めることができるからだ。また、出資者と会社債権者との間のリスクの分配が明確になり、出資持ち分（株式）の譲渡と、会社債権者との取引も容易になる。実際には、会社がある事業を行うために子会社を設立して、仮に成功しなかった場合でも、その事業失敗による損失を子会社だけに限定することもできる。

こうした知恵は人々の倫理感に直ちに馴染むものであったのだろうか。歴史的に見ると、この株式会社やその中核をなす有限責任制度がすべての社会ですぐさま受け入れられたわけではなかった。それぞれの社会がなにがしかの倫理的葛藤を経験している。先に述べた「賭け事」に対する国や社会の葛藤とその性格は基本的に同じである。株主（出資者）のリスクは出資分だけに限定されているにもかかわらず、会社の債権者がその債権のすべてを株主や経営者から回収することはできないという点である。例えば、米国でこの株主の有限責任制の問題が法律上の決着を見るのは、19世紀も半ばになってからなのである（N. Rosenberg & L. E. Birdzell, Jr., *How the West Grew Rich*, Basic Books, 1986 第6章）。

現代の株式会社への社会的信用は概して高い。しかし昔の株式会社の経営ははるかに劇的であり、往時の企業家は命がけであった。現代の株式会社は以前よりも倫理的になってきており、株式会社は人間の努力を生産的に活用する上で極めて効果的な組織へと進化してきたと言える。人間の「賭ける自由」や「不確実性との戯れ」への飽くなき欲望を、富の創造へと昇華させる重要な役割を果たしてきたのである。

7―日本における株式会社

株式会社という仕組みを明治の日本はいかに受け入れたのか。明治以前の日本に存在した類似の共同出資事業（樽廻船業における廻船加入など）とどう異なるのか。日本には、全員が経営にタッチしない（無機能の）有限責任出資者からなる「株式会社」と類似の企業体はあったのか。それとも、全く新しい制度として株式会社は明治期に西洋から持ち込まれたものなのか。こうした問いは、歴史における連続性や断絶、あるいは「西洋の衝撃」の問題としても、経済史家と経営史家たちが探究してきた問題である。

日本で最初に「会社」について、そのアイディアを紹介したのは福沢諭吉の『西洋事情』初編（1866年）であった。西洋では、「商人会社」が経済活動の基本単位となっており、工業化にとって中心的な役割を果たした鉄道、銀行、海運、造船などの産業は、個人の資本では設立が困難なため、広く資本を集められる会社組織で運営されていることを、次のように簡にして要を得た言葉で説明している。

「西洋の風俗にて、大商売を為すに、一商人の力に及ばざれば、五人或は十人、仲間を結びて其事を共にす。之を商人会社と名づく。既に商社を結めば、商売の仕組み、元金入用の高、年々会計の割合等、一切書に認めて世間に布告し、アクションと云へる手形を売りて金を集む」

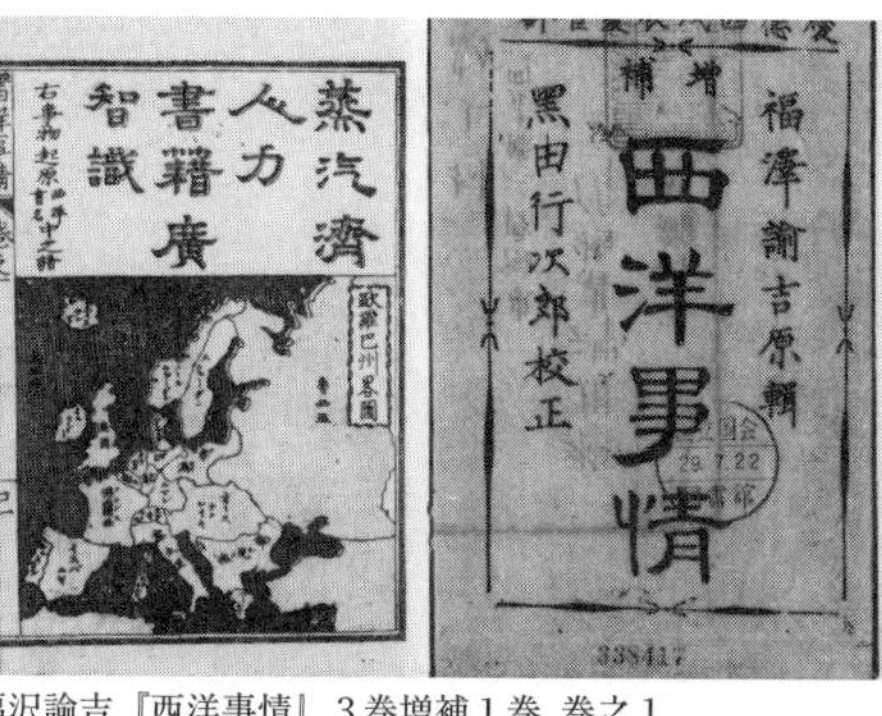

福沢諭吉『西洋事情』３巻増補１巻 巻之１

ここで言う「アクション」は何を指すのか。ドイツでは株式会社（Aktiengesellschaft）はＡＧと略記される。このＡＧのＡは「株」を意味する die Aktien（複数形）である。福沢がここで用いている「アクション」はこのドイツ語を用いているのだろうか。筆者の日本経済史の師匠である宮本又郎氏に尋ねると、フランス語の株式、action ではないかとのこと。

福沢の『西洋事情』は『学問のすゝめ』同様、多くの読者を得ており、20万部は売れたとされる。当時の日本の人口は現在の約4分の1強であるから、今で言うとミリオンセラーである。福沢自身はやや自嘲的に同書は「恰（あたか）も鳥無き里の蝙蝠（こうもり）、無学社会の指南にして」と後年述懐しているが、『西洋事情』が維新政府や多くの日本国民に多大な影響を与えたことは十分推測がつく（高村直助『会社の誕生』吉川弘文館）。

最近、このことを実感する機会があった。高校時代の友人たちと、岡山の高梁（たかはし）を旅したときのことである。備中松山城を観るためのこの「修学旅行」のもうひとつの目的は、銅採掘で知られる吹屋（ふきや）を訪れることであった。吹屋は17世紀半ばに天領となった後、住友家が本格的な銅山経営を行い、明治に入ると岩崎家がさらに開発を進めた。

銅山経営だけでなく、18世紀中葉、片山浅次郎（初代）が、銅山の捨て石である磁硫鉄鉱を原料とした赤色顔料（ベンガラ）の製造・販売を手掛ける弁柄屋を創業している。以来200年にわたりベンガラの生産地としても発展した（1971年に廃業している）。片山家は弁柄仲間の株を永く持ち、名字帯刀を許されている。この旧片山家（胡屋）住宅が国の重要文化財に指定され（2006年）、一般公開されていたのだ。

屋敷内のガラスケースに展示されている旧片山家の蔵書の中に、『西洋事情』（巻之3／木版半紙判、初編3冊のうちの3冊目）と『学問のすゝめ』（5編）を見つけたときはなんとなくうれしくなった。維新当時の地方の一豪商が知識を広く求め、その知識を自らの経済活動にどう生かすかを学ぼうとする積極的な姿勢を垣間見る思いがしたからだ。

8　リスクを取ったことへの報酬

市場競争には「スポーツ」や「ゲーム」と似た側面がある。そこにはつねに勝ち抜いた者と敗退した者が生まれるからだ。経済活動の自由が基本的に保証されている社会では、「ゲーム」の参加者はさまざまな情報をかき集めて合理的な経済計算をしつつ将来を予想し、自らの創意と工夫に慎重かつ大胆に「賭ける」のだ。もちろん、ルールに従って自由に選び取ったアイディアが、善きもの、美しいものを常に生み出し、善と美が勝利を収めるとは限らない。ルールは守りつつ、市場が欲するものを提供した者が成功を収めるという鉄則があるだけだ。こうした競争が経済的豊かさをもたらすこともまた確かなのだ。

フランク・ナイト
(1885年 - 1972年)

慎重かつ大胆に冒険をした者だけが勝利の美酒を味わえるという原則はいつの時代でも変わりは無かった。フランク・ナイト『リスク、不確実性および利潤』はこの原理に経済学的な定式化を与えた傑作と言えよう。

経済活動は、予期せぬ事態に日々適切に対応していくという側面が大きい。ナイトはこの予期せぬ事態には2種類あると考えた。「リスク」と「不確実性」だ。「リスク」は、人間の知識・情報の不完全性に起因しているが、その事象が生起する客観的な確率分布がわかっている場合に適用する概念である。サイコロのひとつの目の出る確率や人間の男女の年齢ごとの平均余命のように「確率計算ができる事象」をさす。客観的確率分布（相対的な頻度）が既知であれば、そうしたリスクには保険システムで対応できる。例えば、「生命表」によって個人の特性（性、年齢）ごとの保険料と保険金をデザインするのはその例である。こうした合理的計算によって生命保険会社の経営は成り立っているのだ。

それに対して「不確実性」は、前例や経験の蓄積がないために客観的な確率分布を知りえない事象にまつわるものだ。企業がある新技術を体化した機械設備を購入（投資）する場合、その新機械が生み出す製品がいかなる将来収益をもたらすかは、その製品の将来の市場需要に依存するから、その収益の確率分布の計算は難しい。

競争が「完全であれば」、多くの企業がその市場に参入し利潤は低下し、やがてはゼロに落ち着くと考えられる。にもかかわらず、競争的な自由主義企業体制の下で、なぜ利潤が存在するのか。ナイトは、企業活動には不確実性（uncertainty）が付随していることに注目し、たとえば投資環境の不確実性に果敢に「賭ける」からこそ、利潤は持続的に存在しうる、と論じたのである。利潤は「不確実性」にうまく対応した企業家への報酬であると言うのだ。

実はこの考えは、教会法が利子の授受を禁じていた中世においても、スコラ学者の議論の中にすでに表れていた。確かに消費貸借においては利子の授受は禁じられていたが、敢えてリスクを引き受けたことに対する報酬としての利子（配当）については寛容な学説がすでに示されているのだ。

トマス・アクィナスは『神学大全』でウズラ（高利）論を展開しているが（Ⅱ・Ⅱ・78）、そこで注目すべきことは、彼がウズラの概念を精緻化して、理論と実際の分裂に一つの解決を与えたことである。それは、damnum emergens（貸し手が貸与によって「発生した損害」を償うように借り手に請求すること）を是とすること、貸与の好意に対する自発的な答礼としての贈与は認めていることであり、人間の勤労が加わればそこで発生する利益に対して請求権を持つことを自然だと見なしているのだ。

ここに中世社会ではすでに経済的膨張が始まり、経済生活の隅々にまで利子の授受が浸透していたことを読み取ることができる。大事なことは、トマスが利子と利潤を概念上区別して、商人や職人に自分の貨幣を「合資の形で」（per modum societatis）手渡す場合、所有権を移転しているのではないから、商人の取引や職人の事業がまだ出資者のリスクのもとにあると考え、したがってその事業から生まれた利潤の一部を出資者は請求できると論じた点である。経済の成長を可能にしたのは、利潤を求めて「不確実性に賭ける者」が数多く現れ始めたからなのだ。

ちなみに、冒頭で引用したコングリーヴの「不確実性と期待は人生の悦び」（Uncertainty and expectation are the joys of life.）の後に、「安泰は味気ないものだ」（Security is an insipid thing.）という言葉が続く。いずれにしろ、人間は安定と不安定という相矛盾する状況の双方を同時に求める身勝手な生き物だということだ。

第8章　恒産・余暇・自由

人は恒産を得てはじめて人格の独立、自由と安寧を得る。貧し過ぎても富裕過ぎても人間の知性は曇る。ほどほどに豊かな中間層が健全なデモクラシーの運営に必要不可欠な理由もそこにある。現代の産業社会は、高度の生産技術を組み込んだ資本設備の投入と所得の上昇によって、人々の労働時間を大幅に短縮した。今、そこから生まれた余暇の意味が改めて問われている。労働（労苦）を神聖視する理由はない。労働はそれ自体目的とはなりえない。余暇こそが人間らしさを回復する精神的自由の砦なのだ。

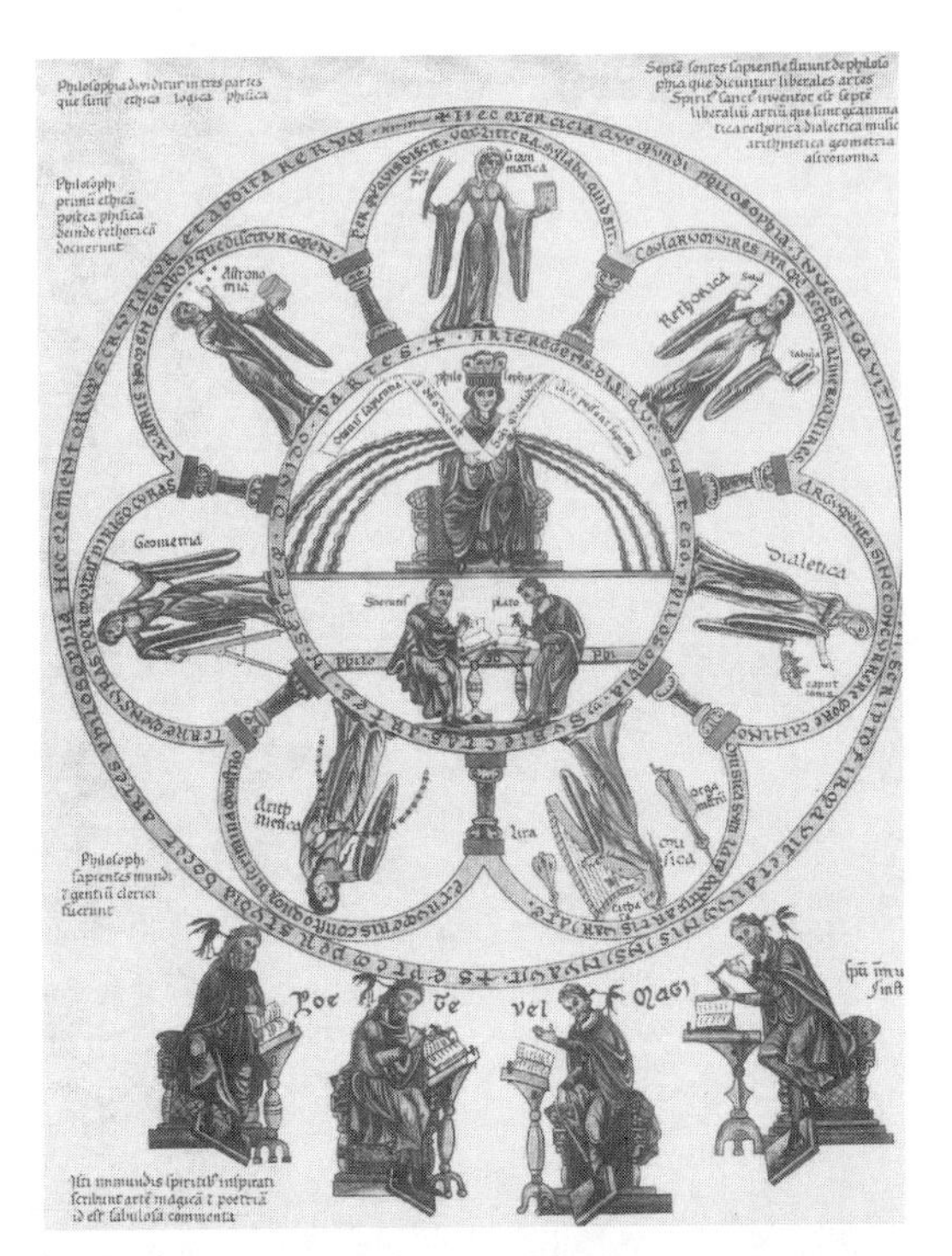

女子修道院長ヘルラート・フォン・ランツベルク著『歓びの庭』にある「自由７科」の絵。中央の女神フィロソフィアが持つ帯には、ラテン語で「すべての知恵は神より来たる。為さんとすることを為せるは、知恵による者のみ」と書かれている。

1　恒産による人格の独立

経済的な基盤を持たないと、人は独立した考えや行動をとりにくい。経済的に従属的な関係にあれば、自己の信条に従って行動しても説得力を欠くことがある。親の脛をかじりながら政治を論じても、「一人前の意見」とは受け取られ難い。

日本には財産や金銭を軽く見る習慣があることを批判して、経済的な自立なしには人格的な独立と自由を達成できないと強調したのは福沢諭吉であった。そのため、金銭の重要性を強調した福沢の言説は「拝金宗」と揶揄された。「拝金宗」という言葉を、「金銭を無上のものとして拝む」と解釈すれば、いかにも極端で誇張を含む。しかし単に「財産は人格の自由と独立にとって大事だ」という意味で読めば、福沢は物事の根本を見通していたと言える。

文章だけを一部取り出して読むと、確かに福沢は「拝金宗」と批判されるような表現を多用している。偽悪趣味なきにしも非ずの福沢は、「日本を銭の国となすこと最も切要なるべし」と述べ、かつての日本は武が国家の根本だとしてきたが、これからは武だけに頼るのではなく銭も大事だと言い（『時事新報』明治18年5月2日）、男尊女卑の原因は女性に財産権がないことだとして「権は財に由て生じ財は権の源」と述べている（『時事新報』明治18年6月4日）。さらにしばしば引用される「此点より見れば文明男子の目的は銭に在りと云うも可ならん」（『時事新報』明治19年9月29日）は、福沢を「拝金教徒」と認定する格好の証拠として挙げられてきた。

福沢の弟子筋の高橋義雄は『拝金宗』という書物を著わして、殖産興業の重要性を説いている。拝金宗という言葉は高橋の造語かもしれないが、拝金教は英語の mammon から出た mammonism の和訳として生まれたのであろう。mammon は「悪、腐敗の根源としての富」、あるいは強欲や貪欲を指す。少なくとも『新約聖書』での mammon は、「不正の富」を意味している。マタイ伝（6‐19〜21、24）とルカ伝（16‐13）は、素直に読むと、そこにプラスの意味を読み取ることは難しい。ちなみにイエスの言葉の理解の難所のひとつ、ルカ伝（16‐9）の「不正にまみれた富で友達を作りなさい」という部分の英訳は、"make friends for yourselves by means of unrighteous mammon" となっている。

もちろん福沢は、mammon を崇めろなどとは一言も言っていない。明治18（1885）年4月末から5月にかけての『時事新報』の社説で「西洋の文明開化は銭にあり」「日本は尚未だ銭の国に非ず」と盛んに論じているが、その真意はどこにあったのか。西洋では、富は快楽と栄誉の双方をもたらすとされるが、日本では、富が栄誉と結び付けられることはない。西洋では、富が殖産の道を開き、社会の基盤を形成してきたが、日本では江戸時代からの社会風潮として、「銭なきを栄誉とする」傾向があった。この思い込みこそ文明の発展の大きな阻害要因なのだという。

彼が晩年に著わした『福翁百話』（「独立の法」41）でも、経済的な独立を達成しようとする人を拝金教徒として非難する風潮を嘆いている。実際、この偽善への福沢の反発は、偽君子への皮肉として、「巧言令色、銭を貪る者は論語を講ずる人の内に在り」という言葉にも現れている（『文明論之概略』第6章）。福沢が「銭を貪る者」を是としなかったことは言うまでもない。

一般に「恒産」が自由と独立の基盤となるのは確かだが、逆に「無産」と「清貧」が自由と独立の道につながるという考えを実行した「例外者」が存在することもまた事実である。カトリック教会が聖人としている「アシジの聖フランシス」はその代表的なケースであろう。

アシジの聖フランシスは、「もし完全になりたいのなら、行って持ち物を売り払い、貧しい人々に施しなさい。そうすれば、天に富を積むことになる。それから、わたしに従いなさい」（マタイ：19－21）、「帯の中に金貨も銀貨も銅貨も入れて行ってはならない。旅には袋も二枚の下着も、履物も杖も持って行ってはならない」（マタイ：10－9・10）、「わたしの後に従いたい者は、自分を捨て、自分の十字架を背負って、わたしに従いなさい」（マルコ：8－34）という福音書の三つの言葉を文字通りそのまま戒律に持つ使徒的清貧を徹底する修道会を設立したのである。人間にとって真に必要なのは愛と平和であり、それ以外のものはすべて不要で、

「着物を返すフランチェスコ」
（ジョット作、1305年頃）

いさかいや対立は「所有」することに原因があると説いた。時代背景としては、第4章で触れたような、教会と神聖ローマ帝国との緊張関係、キリスト教とイスラームの宗教対立とキリスト教世界における十字軍の熱狂、そして、カトリック教会内部でのカタリ派、ワルド派、謙遜者団などの異端の動きに対する法王庁の戦略などが複雑に絡み合っている中での宗教運動であった。すでに述べた堀米庸三『正統と異端』は、当時異端視されつつあったアシジのフランシスの運動がカトリック教会の中の「正統」へと組み込まれて行く過程を分析している。

言うまでもなく、人間全員が聖フランシスのような生き方を選ぶことは現実的ではない。そして必ずしもそれで理想社会が実現するわけでもない。しかしこうした理念を実践する「変わった人間たち」の存在は、人々に大きな希望と励みをあたえる精神の浄化作用を持つのだ。

2―道徳政治の前提としての恒産

儒教嫌いだった父の影響もあったのか、わたしにとって「孔子さま」は子供のころから遠い存在であった。いわゆる「食わず嫌い」だったのだ。長じても、福沢諭吉の文章の鋭さと率直さの魅力に憑りつかれてからは、儒教が日本人の人間関係や家族観、女性観、そして政治への姿勢に、独立心を衰弱させるような考えを刷り込んできたと思い込んでいた。

福沢諭吉が指摘するように、「修身斉家治国平天下」という儒教思想は、統治者と被統治者との関係を親子（国民は天皇の「赤子（せきし）」）のように従属的なものにし、一身の独立と、それによる一国の独立にとって大きな阻害要因となったという見方に納得していたのである。福沢の女性への尊敬と女性の自由を応援する考えも、江戸時代の儒教道徳から出た『女大学』の女性像を覆す論として立派なものだと共感して来た。総じて、孔子の従属心を尊ぶ穏やかな中庸の徳の思想になんとなく反感を抱いていたのだ。

ただ、わたしの知人にも、「きみが『論語』の面白さ、深さに気付かないのは残念だ」と言う『論語』の愛読者がいたので、いつか一念発起して、とにかく全部読み通してみようと秘かに考えていた。その機会は意外に早くやってきた。

2012年の冬、思わぬ病を得、桜が咲くころまでの3か月を病院で過ごすことになった。

孔子
（紀元前552年 - 紀元前479年）

入院中は読書三昧の生活が送れるのかと思っていたのだが、書物を開こうという気分になかなかなれなかった。かつて長く病臥した友人が入院生活中に長編小説をいくつか読破したと言っていたことがあったが、わたしの場合そうはならなかった。ひとの知性や感性の強い表出を受け止めるだけの精神的余裕がなかったのだろう。心が萎縮してしまったのである。

　そんな時、少しずつ区切って読める本として『論語』の日本語訳を枕頭に置いた。心に沁みとおるような言葉もあったが、理解力不足のせいか、なにか砂をかむような思いで読み終えた。わたしの病気は、長らくのアルコール摂取と過食が遠因だと医師から告げられていたので、病床にあって、「過ぎたるは猶及ばざるがごとし」という「中庸」の精神を素直に受け入れることができなかったこともあったのだろう。

『孟子』となるとわたしの反応はさらに鈍る。孟子は儒学を学んだ後、魏国（別名・梁）へ赴き、恵王のアドバイザーになった。斉の宣王にも仕えて王道の理想を説いたが、このコンサルタントの仕事も成功せず厚い信頼を得た気配はない。あまりに理想主義が過ぎたのであろうか。結局いくつかの国で遊説行脚の旅を続けるも、受け入れられることなく政治への関与を断念したと言われている。

　孟子の教えが、人間性の片面しか見ない道徳臭の強いものだという先入観があったため、わたしの「食わず嫌い」は長く続いた。しかし先に挙げた福沢の「此点より見れば文明男子の目的は銭に在りと云うも可ならん」という言葉の背景に、孟子の「恒産無くして恒心なし」の思想があると知り、勉強してみようという気持ちになった。孟子の道徳政治の前提には経済的条件の重視があったことが分かったのである。周の「井田法」という土地制度はその具体的な政策プログラムであろう。『孟子』によると、「井田法」は1里四方の土地を「井」の字の形に9

等分し、一区分を百畝として、中央の一区は「公田」、残り八区を「私田」として、妻帯して世帯を持つ成年男子に与える。公田は八戸で耕してその収穫はすべて納税する。私田からの収穫はそれぞれ十分の一を納税するというシステムであった（『孟子』巻第五　滕文公章句上）。

　孟子の言葉で注目したいのは、「財産がなければ安定した心をもてない」という一般的な命題としては述べられていない点だ。その箇所（『孟子』巻第一　梁恵王章句上）は次の文章だ。

「曰く、恒産無くして恒心有る者は、惟士のみ能くすと為す。民の若きは則ち恒産無ければ、因りて恒心無し。苟も恒心無ければ、放辟邪侈、為さざる無し」

　つまり、恒産が無くても「士」は恒心を持ちうることを認めている。アシジの聖フランシスなどの例外を認めつつ、普通の人間にとっては、一定の財産をベースにした「独立自尊」こそが真の自由の前提であると考える。福沢の「文明男子の目的は銭に在り」というやや露悪的な表現の真意も、経済的な条件と普通の人間の自由・独立の関係を鋭く指摘したものであったと見るのが妥当なのである。

3―奴隷がもたらす余暇と政治

　古代アテナイの民主制を支えたのは奴隷労働の存在であった。奴隷が家内労働に従事することによって、自由民に閑暇を与え、知的水準と政治への関心を高めたという。奴隷という「言葉を話す資産」が生み出す労働力が有閑階級を生み、自由民が公的な事柄を議論することを可能にした。政治思想家E・バーカーも、古代経済史家の研究に依拠しつつ、アテナイのラウレイオン銀山の奴隷労働が都市国家全体を豊かにし、民主制を機能させたと述べている（Sir Ernest Barker, *Greek Political Theory - Plato and his Predecessors*）。

ペリクレス時代のアテナイの総人口は30万から40万人の間と推定される。そのうち自由民（4万）とその家族を合計すると16万、外国人（メトイコイ——metoikoi）およびその家族が5万から9万、そして奴隷は8万人いたとされる。この時代の軍事・行政などの公務関係の就業者は7000人程度で、彼らはすべて俸給生活者であった。他に、乞食、吟遊詩人、教師などがいた。アテナイの全人口のうち奴隷8万人、自由民4万人という数字からその割合を計算すると、自由民1人に奴隷2人ということになる。

ラウレイオン（現在のアッティカ地方南東部のラブリオ）の公営銀山では約2万人の奴隷が鉱山労働に従事していたと推定されている。この公営銀山の採掘権とデロス同盟諸国からの年賦金がアテナイ政府にとっての主要な収入源であり、海軍力増強の財源となった。他方、裕福な自由民は多くの私的奴隷を所有し、土木建設業のために貸与したり、自分のビジネス（金融業・製造業・農業・家事労働などの分野）にも使用していた。奴隷には参政権はなかったものの、一般市民と同様の保護を受け、外見（服装）からは自由民と区別できなかったらしい。彼らは技能労働者であり、フリギアやリディア、あるいは他のアジア地域からアテナイに「輸入」され、アテナイに来ることは、一種の「解放」であると考えられていた。私的奴隷を持つ「ブルジョワジー」の時間的な余裕だけでなく、奴隷をもたないアテナイ市民でも、裕福な者は、余暇と政治に生きることができたのである。

こうした政治経済構造を現代の産業社会に読み替えるとどうなるか。ＩＴ技術等によって生産性が上昇し、ひとびとの労働による拘束時間が短縮されたこととパラレルな現象と捉えられる。実際、20世紀初頭の生産労働者の週平均労働時間は、欧米など当時の先進諸国（例えば米国）では週55時間程度であったが、１００年もたたないうちに（１９８０年代には）35時間を割る。平均労働時間は4割近く短縮されたのである。

ラウレイオン銀山の遺跡

ブルーカラー、ホワイトカラーを問わず、定形的・繰り返し的な仕事はますます電子機器を組み込んだ機械に置き換えられている。人間に残された仕事は、単純作業と頭脳作業とに両極分解するのではなく、むしろ「仕事の複雑化と高度化」が進行してきた。専門化が進む一方で、ひとつのことだけに習熟していては全体を把握できないため、関連する技能と知識を学び、全体像を理解する力量が求められるようになったのだ。人間の知識や技能の中に、常に「定義できないもの」が存在する限り、機械による人間の労働の完全代替は起こりえない。定形的な労働が機械に吸収され、仕事が高度化していく過程で「自由時間」が圧倒的に増えたというのが20世紀以降の人間の生活の重要な変化なのである。

4―研究者の「プロレタリアート」化

機械が人間を労働から解放すると述べたが、他面、機械は人間を生産プロセスに縛り付ける。特に現代社会では、労働のプロセスは「全体の利益」の中に組み込まれた生産活動となっている。巨大な歯車の一部になるのだ。「分業と協業」というアダム・スミスの命題こそ、まさに産業社会、商業社会の本質を捉えた言葉なのだ。

さらに技術が高度化・複合化した社会では、人間の労働は他者の労働と分割・結合されるだけでなく、労働の側が技術そのものに適応することを要求される。労働内容が専門化・特化することによって、ひとつの仕事がそれ自体独立した意味を形成し得ず、ますます全体の文脈の中でしかその存在理由を主張し得なくなってきた。

こうした現象は研究活動でも見られる。専門化が極端に進んで、大学の同じ学部の同僚の研究内容が理解できないこともめずらしくない。「バベルの塔」のような状態になってきたのだ。『創世記』第11章のシンアルの平野に作られた塔が「バベルの塔」と呼ばれていたと言われる。

人間が天に達する塔を共同作業により煉瓦で造ろうとしたところ、神はこれを人間の自己神化の野望と見て、作業ができないように言葉を混乱させたという話である（実際の塔の高さは100メートルにも満たなかったというから東京スカイツリー天望デッキの四分の一程度の高さだ）。この話の面白いところは、建設作業中の人々の間で互いに言葉が通じなくなったという点にある。

『創世記』のその箇所を引用しておこう。

「世界中は同じ言葉を使って、同じように話していた。東の方から移動してきた人々は、シンアルの地に平野を見つけ、そこに住み着いた」（11－1・2）。「彼らは、『さあ、天まで届く塔のある町を建て、有名になろう。そして、全地に散らされることのないようにしよう』と言った」（11－4）。「こういうわけで、この町の名はバベルと呼ばれた。主がそこで全地の言葉を混乱（バラル）させ、また、主がそこから彼らを全地に散らされたからである」（11－9）。

「バベルの塔」を題材にしたギュスターヴ・ドレ「言語の混乱」。

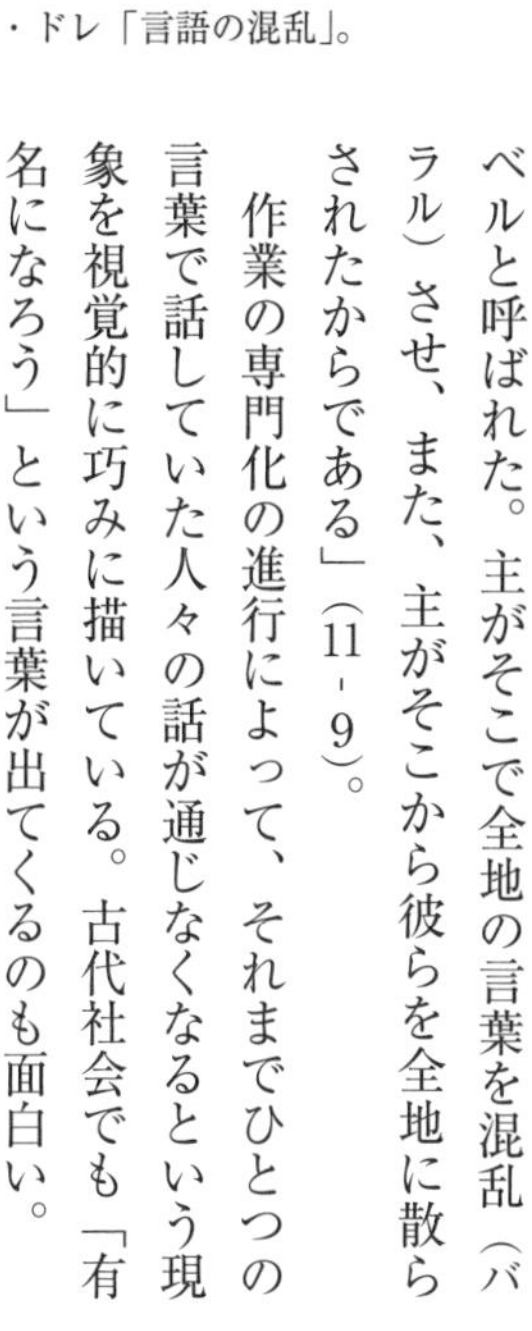

作業の専門化の進行によって、それまでひとつの言葉で話していた人々の話が通じなくなるという現象を視覚的に巧みに描いている。古代社会でも「有名になろう」という言葉が出てくるのも面白い。

専門化が進み過ぎたことによって意思疎通ができ

なくなるという点はいま措くとして、問題を見つけて定式化してその解を探るという作業そのものが機械設備、すなわちコンピューターの存在に縛られるようになってきていることも現代の学問の特徴だろう。第5章でもふれた、機械技術に縛られ、発想の自由を失うという研究者の「プロレタリアート化」だ。利用可能な資料やデータを前にして、これらのデータから一体何が引き出せるのか、そしてどのコンピューター・ソフトを用いればうまく計算できるのか、といった方向に研究の関心が移る。本来自分は何を知りたかったのかを忘れてしまうほど、コンピューターの能力は高まってきた。自分の知りたいことを知るというのが研究者に許された自由であったはずだ。しかしいつの間にか目的と手段の倒錯が起こり、手段に目的を適応させていくことになってきた。

こうして研究者同士の連携は崩れ、問題が全体の中でどのように位置づけられるのかという関心も薄れてくる。それはすでに述べたように、大きなジグソーパズルを完成しようとして研究者が巨大な全体図の中のほんの一部を組み立てている情景に似ている。部分部分はそれぞれうまく組み合わさっているのだが、それが全体としてどのような絵柄になるのか想像する者がいなくなったのだ。

5—「遊び」のレジャー産業化

機械技術の発達によって自由時間が増えたが、その時間を何に使うのか。こうした発想から「余暇」の問題は、経済学では消費者行動として、あるいはレジャー産業論として議論されてきた。自由時間とは「労働しない時間」であり、その「余った時間」を産業としてどう消費需要に結びつけて発展させるのか、「遊び」をいかに産業化するかという考えだ。

余った時間を「遊び」に使うことで気晴らしをするという。しかし余暇に行う「遊び」とはそもそも何なのだろうか。競争や偶然の要素をはらむ遊びは、退屈からの逃避、無為の変形と言われることがある。遊びは、勤労生活の多忙と窮迫から人々を救い出し、閑暇と余裕のなかで新たな希望を見出す力を与える。緊張と弛緩、不安感と陶酔感という点で、遊びは人を非日常の世界に誘ってくれることは確かだ。

ゲームの面白味は、実際プレーしてみないと分からない。しかし遊んでいる人々の気持ちは国や文化を問わず、観ている者へも意外によく伝わってくるものだ。誰しも似たような遊びを体験しているからだろう。

異国の地で人々が知らない遊びに興じている姿を見ることがある。南仏の町の公園で、男たちが「ペタンク」と呼ばれる球技を楽しんでいる光景は、日本の公園で老人たちがゲートボー

ペタンクに興じる人々

ルに興じている姿と重なる。日なたの公園の地面とボールに、男たちは静かに神経を集中させている。ときどき聞こえる批評めいた低い声。日本もフランスも、どちらも丸い球を転がしている。なぜどこでも、人は丸い球を転がすのだろうか。丸さは「自由」を表わすのだろうか。球はどちらにも転びうる。そこに「無拘束性」を感じ取るのだろうか。

　独楽(こま)もサイコロも、古代の神事で運命を問うために使われたのが始まりということは、遊びが神の独占物であった時代があったということだろう。やがて有閑の特権貴族が様々な遊びを作り出す。そして貴族からブルジョワジーへと拡がった遊びも多かった。しかしなんといっても遊びの世界に起きた大きな変化のひとつは、大衆消費社会の到来によって、遊びの大量生産、大量消費が起こったことだろう。さまざまな遊びの機会と道具を提供するレジャー産業が、規格化された遊びの大量販売を推し進め、レジャーの供給者として遊びの流行を演出するようになった。本来の自由な「ブラブラ」といった遊びの雰囲気は消え去り、「動物のような生真面目さ」と忙しさが前面に押し出されてきた。遊びが辛い労働になりかねないような、自由と強制の倒錯が生じてきたのだ。

　旅も、ツーリスト会社の企画どおりに人々は運送され、名所旧跡を忙しく連れ回され、名物料理を食し、移動を続けるようになった。かつて、多忙な中からなんとか夏季休暇を取得して、子供三人との家族旅行から帰って来た義兄が、「遊ぶのも疲れますなぁ〜」と漏らしたことを思い出す。

スポーツがプロ化したのは大衆社会が成立してからだ。プロ化して、プロ・スポーツは遊びの性格を失い、観る側の遊びとなった。オリンピック・プレーヤーの「動物のような生真面目さ」のなかに、余裕と明るい開放を感じ取ることはない。むしろその強い緊張感にわが身を重ねて興奮するのだ。

遊びは、辛い労働の対極にあると考えられることが多い。しかし、余剰なもの、遊戯的なもの、「実利と無縁なものの中で自己を表現する自由」が遊びの核心だとすれば、現代の遊びは、労働以上に本来の遊びから縁遠くなってしまったのだろう。

6―奴隷的技術と自由な学芸

この「実利と無縁なものの中で自己を表現する自由」こそが、奴隷や「プロレタリアート化」した研究者が失った自由の核心部分ではなかろうか。この自由の核心部分は「実利」によって浸食されやすい。われわれ産業社会に生きる人間は、単なる「勤勉さ」だけではなく、知識と才能が富の獲得のための「手段」としてきわめて有効なことを知っている。そして知識を獲得し、才能を伸ばすためには、学校教育が重要な役割を持つと信じている。機会の平等が拡大した民主制社会は、常に優れた人材を評価し選別することを必要としているからだ。そうして学校教育への金銭的支出は一種の投資行為となり、不確かな将来の収益を期待しながら、ますます高等教育への支出が多くなされるようになってきたのだ。

その結果何が起こったか。ひとつには、知識はあるが知識欲の無い者が、競って大学の門を叩くようになった。そして学生の学問への関心（知識欲）を喚起することが、教える側の第一の仕事となった。また、収益の回収時期が早く来るような、確実な教育投資を選択する傾向が強まった。投資期間が長く、収益の不確かな学問分野は一般に敬遠され、宣伝や広告によって需給の法則通りに知識が売買されるようになったのである。

しかし大学はそもそも職業生活に直結した知識や技能の教育訓練の場所だったのだろうか。前述のように確かに中世以来、医師、法律家、神学者という専門的職業人（professionals）を育てるのが、大学のひとつの重要な機能ではあった。しかし同時に、ヨーロッパ中世の大学の科目群として liberal arts（自由学芸）と呼ばれた「自由7科」が存在した。文法、修辞学、弁証法（論理学）という言語に関わる3科目、数理に関わる算術、幾何、天文、音楽の4科目である。哲学はこの「自由7科」の上位にあり、神学の「端女（はしため）」として、善き生活のための知的能力を養う科目とされた。こうしたカリキュラムには、奴隷労働から解放された「自由民」にふさわしい学芸という考え方が根本にある。実利性や専門性を直接目指すものではないものの、長期的、間接的に思考力を鍛錬し、情操を高め、非定形的、非日常的な事態に対応する能力を身につけることが念頭に置かれていたのである。

しかし現代社会では、こうした自由学芸（「教養」の中核）への関心は薄れ、教養という言葉自体が次第に「雑学」程度の意味しか持たなくなった。研究する者も、大学という位階秩序の中で、同業者から早く認められるために細かなテーマでいくつもの論文を書き、早い時期によい職を得ることに専念せざるを得なくなった。これは専門化が進む中、ある意味で当然の流れかもしれないが、その結果、大学の内部で教養教育を担当できる「よき指導者」を育てることが難しくなり、大学人自身が自由学芸を放置し「プロレタリアート化」したのである。

教養の衰退が現代社会に与える影響は大きい。それは価値の追究と非定形的な判断のできる人材を育てるための重要な手段の一つを失うことになるからだ。時間という厳しい審判者の裁定をくぐり抜けてきた古典が教えてくれるのは、諸々の価値を問い直す知性の力であり、マニュアル化することのできない人間と社会についての洞察力である。この洞察力が「危機」に際しての判断能力を高めてくれるとすれば、古典教養を失うことは、そうした判断力の衰弱をまねくことを意味する。

古典教養軽視の傾向はいずれの国でも進んでいる。それは教育が立身出世の手段となった民主制社会の運命といってもよいかもしれない。しかしこの古典軽視の傾向が日本で特に顕著なのにはそれなりの事情がある。近代日本は常に欧米の高等教育の形式と内容を移植してきた。それは基本的には西洋古典と切り離された形での近代西洋の移植であり、同時に日本にとっての古典教養の重要部分を占めてきた漢学や日本古典を切り捨てる形で進められた。

こうした代償を払うことによって得たものももちろんある。日本の場合、実際的な知識と技術を産業の場で生かせるような人材を育てることができた。そして実力主義が徹底し、広い競争機会が与えられ、有能な人材を産業の場で選抜するためのかなり公正なシステムを作りあげることができたからだ。これが日本を豊かで平等な社会に変えたことは疑いない。

7―大学の存在価値

もちろん自由学芸の衰退は今に始まったわけではない。自然科学が16世紀後半から17世紀にかけて飛躍的に進歩し、演繹法と構成的実験という「科学的方法」が確立し、科学が生み出す真理が学問の世界で大きな位置を占めるに従い、次第に自由学芸（liberal arts）から機械技術（mechanical arts）へと学術的関心がシフトする。19世紀、国際的な経済競争が激しくなった産業界からの強い要望によって、自然科学・工学教育が欧米の大学のカリキュラムに組み込まれた。自由学芸の衰退は、この自然科学・工学の隆盛と表裏一体の関係で進行したのである。

19世紀半ばから加速化した工業化は科学技術の進歩によって可能になった。科学教育が普及し、科学者（scientist）という職業集団が出現し、専門分野ごとの学会が誕生した。20世紀になると、この傾向はさらに加速化し、科学と技術は相互にますます密接な関係を結び、自然科学はアカデミアと産業界にまたがる、巨大学術分野へと成長したのである。

自由学芸、すなわち教養の「没落」は、経済重視・技術重視だけではなく、学問の分化と専門化の進行とも表裏一体の関係にある。対象や問題を断片に切り刻み、他を考慮の外に置くことによって、いくつもの学問分野が生まれ、その方法の意味や根拠を意識せずに幾多の「業績」が生み出されてきた。こうした科学・技術の成果によって現代社会に生きるわれわれは、計り知れないほど多くの恩恵を受けてきたことは確かだが、同じく多くのものを失ったことも否定できない。

ここで注目すべきは、「学問」がもはや余暇（スコレー）から生まれるのではなく、「有用さと確実性」を目指す知的欲求によって動機付けられるようになったことである。それは同時に「教養」の古典的概念との訣別を意味した。

こうした流れの中で、大学はどのような形で生き残るのだろうか。今後、情報や知識は企業、民間の研究所など、大学以外の場所から得られる可能性がさらに高まると思われる。技術変化の多い社会で直接必要とされる知識や技能は、大学教育によってではなく、実際の仕事を通して獲得されるものがますます多くなるからだ。したがって、大学は、生半可な職業教育をほどこすのではなく、むしろ国際的な知的競争の場で求められる言語表現を中核とした教養教育に力を注ぐことによって比較優位を保つことができるであろう。そうであれば、古典を含む人文学や社会科学の遺産をよく学び、豊かな想像力をもって自らの考えを、まず母語で正確に豊かに語る能力、説得力のある文章を書く力を養うこと、そして数理的・論理的思考の基礎的訓練をほどこすことが、これからの大学の教養教育で重視されるべきだということになる。そこにこそ「自由社会の砦」としての大学の存在価値が生まれる。何かの目的のために知るのではなく、知ることそれ自体を求める自由の砦である。そのためには自由な時間が要る。

8―神さまと自由

現代社会では労働に重点が置かれ、余暇はその「残余の時間」と捉えられている。こうした考えに疑問を呈し、アリストテレスに立ち戻り、余暇の意味を改めて問い直したのがドイツの哲学者J・ピーパー（1904‐1997）であった。アリストテレスは『政治学』の中で「余暇」を「正しく治められようとする国においては生活に必要なるものに煩わされない閑暇が存しなくてはならない」（『政治学』第2巻・第9章・2）と言い、「徳が生じてくるためにも、政治的行為をするためにも閑暇を必要とする」（同第7巻・第9章・4）と述べた。ピーパーは、われわれは余暇を目当てに働くのだというアリストテレスの言葉に立ち返り余暇論を展開したのである（J・ピーパー『余暇と祝祭』稲垣良典訳、講談社学術文庫）。

ピーパーは、近代哲学が労働に過大な意味を与えたと指摘する。特にカントは「認識すること」も労働だと理解した。言い換えれば、哲学にも、「労働によって財産を手に入れよ」という理性の法則を当てはめたのだ。ロマン主義哲学の「直観・霊感」に反対の立場を取ったという点では、カントの考えにピーパーは同意するが、人間知性が知的直観を含みうるという立場は擁護されるべきだと考える。

理性による推理の思考は「労苦」だとしても、高次の存在についての知的直観は「安らかさとのびやかさ」から生まれる。カントにとって哲学することは「ヘルクレス的労働」かもしれないが、善というのは、それを為すことが困難であればあるほどより崇高だというわけではない。ピーパーはトマス・アクィナスの「徳の本質はそれが到達困難であることのうちにではなく、むしろそれが善であることのうちに見出される」という言葉を引きながら次のように問い直す。より困難なことをすれば、それだけ大きな功徳があるのではなく、より困難なことは、それが同時に、より高い意味で善である時はじめて、より大きな功徳になるのではないかと。

人間の知的活動を労働として神聖化すると、楽々と手に入る「直観」ではなく認識のために払われた労苦こそ真理の基準だと考えるようになる。「精神的労働」という言葉は、それが社会的な職務であり、全体の福祉への奉仕であることを意味する。分業化された社会的労働の中に組み込まれている点で、知的活動さえも「プロレタリアート化」した労働になっているのだ。

ヨゼフ・ピーパー『余暇と祝祭』(Kösel 刊)

ここで再び、「自由な学芸」とは何かとい

う問いが立ち現われる。「自由学芸」(artes liberales) というものを、「奴隷的技術」(artes serviles) や「プロレタリアート化」した労働から峻別するものは何か。西洋の伝統的な思想においては、(知ることを目標とするような) それ自身のうちに目的を含むような人間の活動が〝自由な学芸〟であった。これに対して、実践を通じて到達されるべき実益をめざす活動は〝奴隷的学芸〟と呼ばれてきた。つまり、自由な学芸は、実用目的のために利用されるとか、何らかの社会的な機能をはたしているといった理由で正当化する必要のない精神活動なのだ。完全な独裁国家では、いかなる実益にも奉仕しないような自由な学芸の存在は許されない。現代日本において、高等教育が実益本位に流れるような傾向は決して人間の精神世界にとって (そして社会にとっても) 健全な動きとは言えない。むしろ極めて不吉な兆候と言えよう。

このようなピーパーの「余暇論」から何を汲み取ることができるのか。それは、余暇がひとつの精神的な姿勢を示す概念であり、休息や沈黙、内面的なゆとりを意味するということだ。「目的のないこと」は、必ずしも対象の喪失や意味の喪失ではない。余暇は人間的であると同時に超人間的なものへと向かう状態なのである。ピーパーは「余暇のもっとも完成された型態はあの畏敬に満ちた沈黙として姿を現わす」と言う。

このように考えて行くと、自由への問いかけは結局は「神的なもの」の観想となる。そしてこの「神的なもの」の観想から、真の自由論の最初の一歩が踏み出されるのである。

結びにかえて

読書と経験を振り返りながら、自由の歴史について考えてみたいと思い立った。抽象論に傾きやすいテーマを、回想を加えながらできる限り具体的に書ければとの期待があった。自分の来し方に、何らかの意味を見いだそうとする老いた者によくある願望であろう。

本書の元になる原稿を『考える人』に連載していた折、幾度か頭に浮かんだ問いがあった。自由という言葉をわれわれはしばしば口にする。現に、自分もそのことについて書いている。しかし自由を論ずることにどれほどの実感が伴っているのだろうか。西洋で生まれた自由の概念には、現代のわれわれ日本人が理解しがたいような、血と涙にまみれた厳しい歴史があったではないか。

友人に誘われてユダヤ教の「過越し祭」（ペサハ）の最初の夜の典礼に参加させてもらったことがあった。古代ヘブライ語というわたしにとっては時空を隔てる言葉の壁もあったのだろう。はじめての者には理解が及ばないような、長々と続く言葉の典礼と歌、そしてすべて意味付けのなされた食事はまことに稀有の体験であった。そのなかで、古代ユダヤ社会での自由というものは、紀元前17世紀にエジプトで奴隷になったユダヤ人が、解放を求める叫びの中から生まれた、命を賭した大義であることを改めて思い知ったのである。

「あなたの子孫は異邦の国で寄留者となり、四百年の間奴隷として仕え、苦しめられるであろう。しかしわたしは、彼らが奴隷として仕えるその国民を裁く。その後、彼らは多くの財産を携えて脱出するであろう」(創世記：15-13〜14)。この歴史に、われわれはどの程度共感しうるのだろうか。

論理的な思考と現代の科学へ多大な貢献をなしてきたユダヤ人が、かくも「非合理」とも見える典礼に心血を注ぐ根本のところには、そうした歴史的経験とその記憶の重さがあるのではないか。歴史の中で育まれた信仰と科学との不思議な融合。ともすれば非合理なものを拒否し、合理性一辺倒になりがちなわれわれに、自由を求めたユダヤ人の精神の根っこをどこまで理解できるのだろうか。

ギリシア人の自由の思想にも同じように歴史がある。東方の専制との戦いは「自由」への戦いであった。こう考えると、本書に書き綴った「自由」という概念が、基本的に西洋に起源をもつことを改めて痛感するのだ。明治以前の日本にも、その時代の人間の意識を広め、そして深めるような別の洗練された価値理念はあったかもしれない。しかしこのユダヤ社会とギリシア都市国家に起源をもつ自由と同じような概念も、言葉も、日本にはなかったのではないか。

そうした筆者の思いを、力強く裏書きしてくれたのは、本書の第4章でも触れた福沢諭吉

『文明論之概略』第9章「日本文明の由来」である。福沢は、西洋文明の根源が「権力の多元性」にある点に議論を集中させつつ「日本になぜ宗教戦争がなかったのか」に言及している。

西洋では権力が、教会、王権、貴族、市民というように多元的に存在したのに対して、日本の権力は一元的であり、「権力の偏重」が著しい点が特徴だと指摘し、宗教も、政治に取り入ること、権力と一体化することに執心し、それがために日本には宗教戦争は起こらなかったと福沢は見る。学問も治者の学問となることに努め、権威主義が蔓延り、宗教も専制を助けることになったというのだ。

自分自身、あるいはその周辺を見渡しても、このような権威主義から未だ抜けきってはいないと気付くことがある。肩書で人を判断したり、「外国人に評価されればすごい」と思い込むなど、内実を見ないで、看板だけで物事の価値や軽重を量る例は少なくない。概して人間にはそうした傾向がつきものだが、社会の指導的立場にある人のあいだにこの種の「権威主義」が浸透していることは日本に顕著だったのではなかろうか。その結果、宗教も学問も商売も工業も、すべて政府のなかに籠絡されるようになった。人々は、自ら階級の間の隔壁を取り除こうとはせずに、自分が自分の階級から抜け出すことを立身出世や栄達と考え礼賛してきたのである。

知的廉直さをもって物事を疑い、自ら進んで何かを選び取るという精神の強さを持った日本人も確かにいた。しかしそうした人々がどれほどの厚みを持って日本社会に存在したのだろうか。誰しも権威を求める。実際、統治の世界では権威は不可欠だ。しかし権威は宗教世界や政治における支配と秩序のために必要なものであって、真理のみに奉仕する知の世界では、権威は「浮世の虚名」と等しいことが多い。「権威」を疑うことを許さない限り、新しい真理に近づくことはないのだ。

経済的に豊かになり、生活が安全と安心の気分に覆われはじめると無気力になりがちなことは誰しも感じるところだ。しかし、こころの静謐（tranquility）と無気力は異なる。安逸な権威主義から生まれる無気力を振り払い、独立の精神をベースにした静謐が得られるよう、自己確認の気持ちを込めて、わたし自身の自由をめぐる思い出を記す機会を得たのはまことに幸いであったと思う。

謝辞

『考える人』連載時に拙稿を担当していただいた新潮社の三辺直太氏は、毎回率直な読後感と、丹念なコメントを送って下さった。３か月にわたる入院の後の覚束ない健康状態で執筆したこともあって、三辺氏の協力は特に大きな励みとなった。また連載中ときおり感想を伝えてくれた中学時代からの畏友・相宗靖治氏には、本にまとめる段階で忌憚のないコメントをお願いして原稿の改善をはかった。お二人のご助力に心より感謝したい。

自由についてオシャベリし、そこから多くを学ぶことができた大阪大学時代の大先輩、故大野忠男先生と、英文学を研究していた亡き姉、桜井真理子の思い出に本書を捧げることをお許しいただきたい。

二〇一六年三月

著者しるす

新潮選書

写真提供
20頁：Everett Collection/アフロ
35頁：ロイター/アフロ
67頁：AP/アフロ
99頁：Foto H.-P.Haack
118頁：Floriel
177頁：Laura Poitras/Praxis Films
221頁：Heinz Schmitz
225頁：Moribunt
※上記以外はパブリック・ドメインのものを使用。

自由の思想史　市場とデモクラシーは擁護できるか

著　者………………猪木武徳

発　行………………2016年5月25日

発行者………………佐藤隆信
発行所………………株式会社新潮社
〒162-8711　東京都新宿区矢来町71
電話　編集部03-3266-5411
読者係03-3266-5111
http://www.shinchosha.co.jp
印刷所………………大日本印刷株式会社
製本所………………大口製本印刷株式会社

乱丁・落丁本は、ご面倒ですが小社読者係宛お送り下さい。送料小社負担にてお取替えいたします。
価格はカバーに表示してあります。

ISBN978-4-10-603785-6 C0395